これはしない、あれはする

小林照子

サンマーク出版

人生は苦難に満ちているときもあります。
やるせなくて、心がくじけそうになるときもあるでしょう。
道に倒れ込んでしまいたくなるときもあるでしょう。

でも、立ち上がれます。
人は必ず立ち上がれるのです。

はじめに

戦争が終わったとき、私は一〇歳の子どもでした。

あれから七二年の歳月が流れ、日本はずいぶんと変わりました。

当時は珍しかった美容研究家のはしりとして、気がつけば六〇年以上、この道で仕事をしてきたことになります。

そして、八二歳となったいまも、私は一日一日を一生懸命に生きています。

おかげさまで、大きな病気にかかることもなく、今日まで美容の世界で元気に働いてきました。

笑顔でいることが多いせいか、「いつも機嫌がよさそうですね」とよく言われます。とはいえ現実には、腹を立てていることもあれば、八二歳という年齢なりに体がつらいこともあります。

でも、不機嫌そうな顔をしていると、自分のまわりから人は遠のき、その結果、自分が損をするということを、私は長い人生経験の中ですでに学んできました。ゆえに、いつのまにやら私には、気持ちのスイッチを切り替えて、毎日を機嫌よく生きる方法が身についているみたいです。

私はこれまで、あまり自分の人生を振り返ったことがありません。そんなことは年寄りになってからすればいいと思っていたからでしょう。

でも、年齢を重ねるにつれ、「しないほうがいいこと」と「したほうがいいこと」の分別がようやくつくようになりました。

これを「いまを生きる人たち」にお伝えすることも、もしかしたら私の務めかもしれない。そう思って今回、一冊の本にしたためてみました。

ここに書き出した「しないこと」は、じつは私自身、全部やってしまったことです。私は若い頃、嘘をついたこともありますし、嫉妬もしましたし、人の悪口だって言ったことがあります。でも、全部やってみて自分がみじめに思えて、いまでやらなくなったことばかりです。ならば、そういうことは最初からやらないほうがいい。たとえ、いまやっていたとしても、明日からはやめたほうがいい。

「しないほうがいいこと」はしない。そう決めて生きていくだけで、心がすり減るような思いはしだいにしなくなっていきます。

「すること」では、人生を楽しく生きるためにプラスになったこと、したほうがいいことを書き出してみました。いまや人生は一〇〇年時代と言われています。いわゆる「老後」と言われる人生を楽しく生きていくために大事なことは、いくつになっても夢を持って生きるということです。

どんなにちっぽけな夢でも、どんなに荒唐無稽な夢でもかまいません。

夢が大きいとか小さいとか、そんなことを気にする必要はないのです。

たとえ自分の夢が、絵に描いた餅にすぎなかったとしても、そこに向かって生きていく姿は美しく見えるものです。

「もう歳《とし》だから」なんて言葉を、口にするのはやめませんか。

夢をあきらめるのは自分。でも、夢をかなえるのも自分です。
人はいくつになっても、新しい人生を始められる。
私には、まだ伸びしろがある。
そう信じて生きていけば、きっと楽しい毎日が私たちを待っています。

人生はいつだってこれからなのですよ。

小林照子

これはしない、あれはする

目次

しないこと

すること

装丁　轡田昭彦＋坪井朋子
写真　野中弥真人
構成　赤根千鶴子
校閲　乙部美帆
編集　高橋朋宏（サンマーク出版）
　　　桑島暁子（サンマーク出版）

しないこと

くらべない

逃げ出したくなることもあれば、
怒りがおさまらないこともある。
それを「学びの時間」にしてしまうのです。

私は六歳になるまでのあいだに、三人の母と二人の父に育てられました。

生みの親は私が三歳のときに離婚。兄は父方に、私と妹は母方につくことになったのですが、私は一年後には、兄を慕って父のもとへ。そして父と父の再婚相手に育てられましたが、私が六歳のときに父が病気で他界。私は大人たちの話し合いの結果、父の再婚相手の兄夫婦にもらわれることになりました。その夫婦には子どもがいなかったからです。

養母は私が一〇歳のときに骨盤カリエスになり、八年間寝たきりになりました。そして私が一八歳のときに死亡。養母の白装束を縫い、木桶《きおけ》に養母を入れてリヤカーで火葬場に運びました。骨壺《こつつぼ》を胸に抱いて、ひとり家に帰ってくる私の姿を見た女性が、涙ぐみながら言いました。

「照子ちゃんはかわいそう。ほんとうにかわいそう」

はたから見たら、私は幼少期も少女時代も複雑な家庭環境で過ごした「かわいそうな女の子」に見えたのでしょう。私自身、自分の身にはなぜ次から次へと試練が課されるのかと考えたことがあります。でも、自分が「かわいそう」とは思ったことがありませんでした。

「私って、かわいそうなんだ」

他人に言われて初めて、自分の憐《あわ》れさに気がつきました。亡くなった養母の骨壺が急に重たく感じられ、私は道端で嗚咽《おえつ》しながら泣きました。

でも、ひとしきり泣いたあと、私は思いました。

私の人生はたしかにふつうではないかもしれない。五人の親に育てられ、貧しい暮らしを強いられ、自分がほんとうに学びたいと思っていることも学ぶことができない私。同年代の子たちといっしょに遊んでいる間もなく、働いて一家を支えていかなければいけない私。

けれど、それが私に与えられた人生。私はもう「ふつうに見える人生」とくらべるのはやめよう。「ふつうに見える人生」にあこがれるのもやめよう。私は、私の人生を引き受けよう。そう決心したのです。

人生にはつらいこと、苦しいことがこれでもか、これでもかと押し寄せてくることがあります。そこから逃げ出したくなることもありますし、怒りがおさまらないようなこともあります。でも、どんなにつらい経験も、そののちの人生の教訓として生かせないものはありません。

つらいこと、苦しいことに直面したときは、「絶対受け身」であることが大切です。この、つらくて苦しい時期は、「学びの時間」。自分が何かを学ぶために与えられた試練なのだと思うことです。

私の人生の前半にはずいぶん、つらいことが集中していました。でも、若いうちにこの、たくさんの「学びの時間」が与えられたからこそ、いま人生の後半を日々感謝しながら、生きていくことができるのだと思っています。

人の人生はさまざまです。若い頃はとても順風満帆な人生だったのに、突然の事故や病気で寝たきりになったり、ふつうの生活に戻れなくなってしまったりという方もいらっしゃるかもしれません。

でも、あきらめたりしないでください。

いつまでも春にならない、終わらない冬はありません。

明けない夜は、ないのです。

つらくても、苦しくても、いまが「学びの時間」。

こんな人生のはずではなかったと投げやりになってしまうと、いまという大切な時間がただただ悲しいものになってしまいます。

人生を投げ出すのか、引き受けるのか。

文句を言って生きるのか、体験から学んで生きるのか。

それを決めるのは自分です。自分しかいないのです。

いばらない

人も動物も虫も花も
命あるものは
みんな、平等。

人はこの世に、同じように命を与えられ、同じように裸で生まれてきます。おぎゃーと泣きながら、生まれてきます。

それが歳《とし》を重ねるごとに知恵がつき、その人に肩書きや権威が備わってくると、人は往々にして「いばる」ということを始めます。

先にいばったほうが、その人との関係においてその後も、立場が上でいられる。いばっているほうが、かっこよく見える。権力を振りかざす自分にうっとりする。

人がいばりはじめるきっかけは、じつに愚かなことであったりします。

私は幸いにして、いばることが苦手な人間です。個性の違う五人の親に育てられましたが、私を子どもだと思って上から目線でものを言う人は、誰もいませんでした。子どもでも平等に扱ってもらっていたと思います。

それゆえに私自身も、たとえ相手がどんなに歳の離れた若い人であっても、きつい命令口調で話すことはしません。私の中では、人も動物も虫も花も木も、命あるものはみんな平等なのです。

序列をつけていばりたがる人というものは、どこか自分自身に自信がないから、上下関係をつけたがるのかもしれませんね。自分のほうが年上だから。自分のほうが先にこの土地に住んでいるから。自分のほうが大手の会社で働いているから。何でもいいから、自分のほうが勝っているものがほしい。

でも、そういう気持ちのあせりは、すぐに周囲に見透かされてしまうものです。

一番理想的なのは、礼儀をわきまえながら、いつでもフラットに話し合いができる関係です。これは自分の住んでいる場所でも、仕事場でも、どこでもです。

相手が偉いとか、偉くないとか、お金持ちだとか、お金持ちでないとか、そんなことで人に値段がつくわけではないのですから。どんな世代の人間でも、私たちは同じ時代を生きている者同士。そう考えると、他人に対する上から目線が消えて、心が少し安らかになりませんか。

人はけっして、完全無欠ではありません。時に、他人に対して横柄な態度をとってしまうこともあるでしょう。寂しさや、不安や苛立《いらだ》ちから、いばった素振りをしてしまうこともあるでしょう。私も自分が気づいていないか忘れているだけで、きっと失礼な態度や素振りをしてきたにちがいありません。

だからでしょうか。花を見たり木を見たりすると、つい考えさせられるのです。

花がいばりますか？

木がいばりますか？

命を持って生きるものの中で、いばったり、他人の心を傷つけたりするのは、人間だけなのです。もしかしたら、それは人が人として学んでいくために、神様が仕組んだものなのかもしれません。

いばる人のまわりからは、しだいに人が遠ざかっていきます。

上とか下とか関係なく自然にふるまう人のまわりには、楽しい人間関係がつくられていきます。

自分だけがすぐれている、などということはありません。

この世に生きる、命あるものは、みんな平等なのです。

いばるのではなく、自然にふるまう。

若い人であれ、歳を重ねた人であれ、これからの人生を楽しく生きる、ちょっとしたコツです。

持ちすぎない

お金というものは
ありすぎれば毒にもなる。

私の養父は家具メーカーから転身して、防空資材をつくる会社を経営していました。いつもアイデアが豊富な人で、考案したフェルトの防空頭巾《ずきん》が新聞で大きく取り上げられたこともありました。戦時中なので商売は大成功し、養父はかなりの財産を築いていたようです。ところが昭和二〇年（一九四五年）春の東京大空襲で、日本橋にあった養父の店は全焼。養父は店を再建することをあきらめて、私と養母が直前に疎開していた山形にやってきました。

その年の八月一五日のことはよく覚えています。昨日まで正しいと言われていたことが、その日からは正しくなくなったのです。「日本は戦争に負けた」と下を向く大人たちを見て、私は非常に不安に思いました。先見の明のある養父はかねてから、「この戦争は負ける」と家の中で話していました。でも、そんなことを家の外で話せばとんでもないことになります。私も家の外では一切その話題にはふれませんでした。

ただ、**世間で正しいこととして言われていることは、必ずしも正しいわけではない**ということを、幼いうちから頭に入れることができたのです。

戦後、貨幣価値が変わり、養父が持っていたお金は紙くず同然になりました。養父が羽振りのよかったときは、養父のもとに大勢の人たちが集まっていました。養父を持ち上げ、新しい商談をもちかける大人たち。それがまるで潮が引くようにサッと離れていくのを目の当たりにしました。家は、わずかな貯金を切り崩していく耐乏生活に入りました。頭脳労働で大きなお金を動かしていた養父です。家からはどんどんお金がなくなっていく状態になっても、プライドが高いので、農作業を手伝いに行って、わずかなお金を稼ぐなどということはできないのです。

ある日、学校から帰ると、私がこつこつ貯《た》めていた貯金箱が割られていました。

「あっ、ない！」

そこには一銭も残っていませんでした。私は声を出さずに泣きました。私のお金は何に使われたんだろう。何の支払いだったのだろう。これだけ倹約している生活なのに。養母は骨盤カリエスで寝たきりです。病院にかかるために使ったのだろうか。「私のお金をどこにやったの？　何に使ったの？」とは、養父にも養母にも聞くことができませんでした。

お金というものは、分相応の暮らしができるくらい稼げればいいのかもしれませんね。波にのって大きなお金を稼ぐと、やはり自分の力を過信してしまうものかもしれません。そして大きなお金はすぐにその匂いが出てしまうのでしょうか。たくさんの人がお金目当てに集まってきます。でも、そのお金がなくなると、そのような人たちはすぐに踵《きびす》を返して逃げていきます。

「時代も、人の心も、おそろしい速度で変化する。それが現実なんだ」

取り巻きがひとりもいなくなったとき、父がつぶやいた言葉が忘れられません。

私はそのとき思いました。「時代も、お金も不確かで、はかないものだ」と。

ありすぎれば、ありすぎるほど、失ったときに大きな後遺症が残る。自分の器以上に持ちすぎると、毒になる。それがお金のこわさです。そして、信じていたものが、音もなく崩壊する危険性がある。それが時代の移り変わりというものなのです。

何かを妄信するのではなく、自分で学び、自分で考え、自分で判断して生きていく力は自分で身につけていかないと。これは何歳になっても思うことです。

容姿の欠点にふれない

人の心を傷つける言葉は
ナイフと同じ。
不用意な言葉で、人の心から
血を流させてはなりません。

私が六〇年間生きてきた「美容」の世界は、どうでもいいこと、いいかげんなことを言ってはいけない世界です。私たちがお仕事をさせていただくのは、人様の大事なお顔や体。とくに、**顔というものは人間の尊厳そのもの。**何気ない気持ちで発した言葉でも、人の心を傷つけてしまうことは十分あり得ます。

容姿に関するコンプレックスというものは、結局その人の心がどう感じているかだと思います。このコンプレックスに、親や家族のひと言が影響していることが非常に多く見受けられます。

「あなたは美人じゃないけど、性格がかわいいわ」

「この子はなんでまぶたが二重ではないのかしら」

「真ん丸顔だねえ」

言ったほうは、たいした意味もなく言った言葉でしょう。たぶん覚えてもいないかもしれません。しかし、言われたほうは、

「私はそんな言われ方をするほど、不細工なんだ」

「私は真ん丸なんだ」

と深く傷ついてしまうこともあるのです。小さい頃に両親に言われた「私に似ないでパパに似ちゃった」という言葉が胸に刺さったまま、生きている人も少なくありません。家族の言葉から生じたコンプレックスが一生を左右することもあるのです。

人は生きているかぎり、気づかないところで、人を傷つけることがあります。

ましてや容姿についてのショッキングなひと言は、言われたほうは忘れることができないものです。その結果、コンプレックスとして残ってしまいがちなのです。

ですから、容姿についてはふれないようにする。ふれるときは「コンプレックスを持たせない」ように配慮をすることです。家族に対してはもちろん、いっしょに働いている人たちや友人にも気を配る必要があると思います。

年齢とともに人間の容姿は衰えていくものです。老いとともに運動量が少なくなって急に太ったりもしますし、髪だっていつのまにやらさみしくなってくることもあります。シミ、シワ、たるみも目立つようになってきます。そんな外見の特徴をわざわざあげつらって揶揄《やゆ》するようなことは、絶対にしないほうがいい。

人にわざわざ声をかけてあげるなら、人が自信を持てるような言葉を心がけましょう。

年齢とともに誰だって、容姿に対する自信は失いがちです。その自信のない心にわざわざ塩をすり込むようなことは慎みたいものです。どんな人に対しても、まずはプラスの印象をキャッチして、それを言葉で伝えられるといいですね。

「少しお太りになりましたか」ではなく、「いちだんと堂々とした雰囲気になられましたね」。「おシワが増えましたか」ではなく、「毎日笑顔で過ごされている証《あかし》ですよ」。

世代に関係なく、私たちは同じ時代を生きている同志なのです。励まし合わないで、何をするというのでしょう。

容姿にふれる言葉は、時にナイフのようにぐさりと相手の心に刺さります。

自分の口から出る言葉で、人の心から血を流させることがないようにしたいものです。

嫉妬しない

嫉妬はもっとも醜い感情。
他人を妬《ねた》む前に、まず、
目の前の幸せに気づくことです。

人が持つさまざまな感情の中で、「妬み」と「恨み」はもっともいやな感情ではないでしょうか。「怒り」や「悲しみ」はたしかに抱きたくない感情ではありますが、一方で「怒り」は行動のエネルギーになったり、「悲しみ」は心を浄化してくれたりという効果もあります。

ところが、「妬み」や「恨み」は、人を苦しめ、どんどん醜くしていくのです。

私も若い頃、「なんで自分ばかりが、こんなにつらい思いをしなければならないの?」と、自分の人生を恨んだことがありました。東京大空襲で養父の店は焼失、疎開先の山形で養母は骨盤カリエスで寝たきり。家は貧しく、子どもの私が働いて一家を支えていく。そんな生活でした。

私は少女時代から、「いつか演劇のメイクアップを仕事にしたい」という夢を持っていました。そのためにはまず東京の美容学校で勉強をしたい。でも、家計を支える必要のある私には、そんなことは夢のまた夢。その頃の私は、母校の小学校で「給仕」として働きながら、併設された高校の分校で勉強をしていました。

給仕というのは、先生たちにお茶をいれたり、授業の準備を手伝ったり、いわば雑用をすべて処理していくのが仕事でした。安くても毎月お給料がもらえるので、私は一生懸命でした。

でも、自分と同年代で、勉強だけに打ち込める人たちが少しだけうらやましく思えました。私だって、自分のやりたいことに打ち込むことができたら。そう思ったときに鏡に映った自分の顔をいまでも忘れることができません。他人の人生をうらやみ、嫉妬する顔はほんとうに醜いものでした。私は激しい自己嫌悪に陥り、二度とこういう感情を抱くまいと思いました。

人はどうしても、自分と他人とをくらべて幸せを推し量ってしまうものです。

自分が不幸だと決めつけている人、自分がいま何を望んでいるのかわからない人ほど、その傾向があると思います。他人のほうが自分よりも楽しそう。他人のほうが自分よりも「いい人生」を送っていそう。他人とくらべて自分の人生はなんてつまらないのだろう、なんてみすぼらしいのだろう。そういう妬みの感情はどんどん負のスパイラルを生みます。

人間は多面な感情を持っています。ですから、負の面でつきあっていると負の面を引き寄せてしまいます。でも、そもそも幸せとは、人と比較して決めるものではありません。自分自身が決めることです。そして案外、幸せは身近なところにあるものなのです。

かつては私も貧しい生活を強いられました。でも、養父母と三人そろって暮らすことができたわけですし、毎日の食事も十分足りていました。そして、子どもの頃から農作業を手伝ってきたからこそ、日本の四季の移り変わりに敏感になることができたのですし、自然の美しさをこの目に焼きつけることができたのですから。

私たちはすでに十分幸せなのです。妬みや恨みにとらわれているときは、なかなかそんなことに気づけないものですが、**私たちの身のまわりには、小さな幸せがそこかしこにたくさん落ちています。**戦争で亡くなった人たちがたくさんいるのに、私たちは生きている。今日の食べものに事欠く生活を強いられる人たちが世界にはたくさんいるのに、三食、ごはんをいただいている。**ほんとうはありがたいことだらけの世の中で私たち日本人は生きていて、生かされているのです。**

若い頃は悩んだり、苦しんだり、妬んだり、恨んだり、そういったさまざまな感情をむしろ経験するべきだと思います。でも、歳を重ねるごとに、自分の人格のステージを少しずつ上げていきたいものです。

私も聖人君子ではありませんから、嫉妬する気持ちがわいてくることだってもちろんあります。でも、醜い感情がわいてきたときには、「あ、年甲斐もなく嫉妬しているな」と思って、身のまわりの幸せを思い浮かべてみる。好きな人たちと楽しくごはんを食べる予定を立ててみる。そんなふうに知恵を絞って、負の感情を正の感情に置き換えていく練習をするのです。

どんなことが起きても、カッとなってはいけません。自分の人生のかけがえのない大切な一日が台無しになります。

私たちはいま生きているだけでも、十分に幸せなのです。

「嫉妬」という醜い感情との縁を完全に断ちきったとき、人は心の中で、すがすがしい高みに登ることがきっとできるのだと思います。

詮索しない

相手が言わないことは
わざわざ聞かないのが
大人のたしなみ。

昔、山形で小学校の給仕をしながら、高校の勉強をしていたときのことです。

「どうもあの男の先生とあの女の先生は、おつきあいをしているらしいのよ」

と、同僚が興奮しながら、話しかけてきました。

「保健室に何か書いたノートを、男の先生が置いていくの。そのノートを女の先生が必ず取りに来るの。ノートで連絡をとり合っているはずよ」

よせばいいのに、私は同僚に誘われて、保健室にそのノートを見に行きました。そしてそのノートを開いて、中身を二人で見てしまったのです。他人のプライベートな内容なのに。

でも、悪いことはできないものです。ノートをのぞき込んでいるそのとき、保健室にスッと、その女の先生が現れました。私たちはあまりのことに、口がきけなくなってしまいました。

先生は顔色ひとつ変えず、ノートを私たちから取り上げて言いました。

「あら、何かいいことあった？」

そして笑顔で去っていきました。その笑顔がどれだけ、こわかったことか！

他人が自分から言いもしないことを、ドアをこじあけてのぞき込もうとするのは、もう絶対やめよう、他人のプライベートを詮索することは二度としないでおこう。恥ずかしさでいっぱいの私は、そのとき誓いました。

私には六〇歳を過ぎてから親しくなった、女友だちが三人います。全員働く女性、全員娘がいる、という以外、共通点はありません。たまたまある会合の帰りの電車で、四人がボックス席に座りました。そのときの会話があまりにも楽しかったので、半年に一回くらいの割合で食事会をするようになったのです。

私たちは、職業はまったく違う者同士です。違う職業なので、同業者の話をそこそ話すこともありません。プライベートの話もおたがいにしませんし、聞きもしません。夫をついこのあいだ亡くした……という話をあとから聞かされて、「この人、ご主人がいたのね」と驚いたことがあるくらいです。

おたがいがそれぞれの分野で、現役で仕事を続けているので、話すことはもっぱら、仕事の話や社会問題に対するその人の考えなどについてです。それ以外に余分なことは、何も話しません。このくらいの節度のある距離感が保たれているからこそ、六〇歳過ぎてからの友人関係が長く続いているのだと思います。

昔からの幼なじみ、クラスメート、ママ友で何でも話し合える友人を持つことも大事ですが、プライベートのことなど何も詮索し合わない、シンプルな関係の友人を持つことも、私は大事なことのように思います。

年齢とともに、家庭のこと、自分の体のことで人に知られたくないこと、根掘り葉掘り聞かれたくないことは出てくるものです。そこにはふれずに、楽しい情報を交換し合える友人がいると、抱えている現実がとても苦しいときでも気持ちが救われます。何でも知っている友人というのは、逆に重たくなってしまう。そんなこともあるかと思います。

大人と大人の間に必要なのは、ほどよい距離感です。

相手が言わないことはわざわざ聞かない。それが大人のたしなみというもの。

大人同士が友情を保つためには、これを忘れてはならないのです。

お金に執着しない

愚かな散財をしたり、
けちな蓄財をしたりするのは
人としてみっともないことです。

一〇歳で終戦を迎えてから、私は金銭的に非常に厳しい環境で育ちました。家に、ほんとうにお金がありませんでした。でも、近所の農家の農作業を手伝えば食べものはたくさん分けてもらえたので、生活をしていくことはできました。それゆえに、あまり「お金を稼ぎたい」という気持ちを持つことがなかったのです。

母校の小学校で給仕として働いていた、ある日のこと。家庭科の先生のろうけつ染めの授業のために、見本をつくっておくことになりました。水を使うので、腕時計をはずして、流しの脇に置きました。そして作業が終わってパッと見たら、腕時計がなくなっていました。流しのまわりを探しましたが、腕時計は見つかりません。私はあきらめて、時計をなくしたこと自体を忘れてしまいました。

それからしばらくたったある日、お寺のご住職とその奥様が、亡くなった養母の焼香に来てくれました。奥様は、私が火葬場から養母の骨壺を腕に抱いて帰ってくるとき、私に声をかけてくれた方です。

お線香をあげたあと、ご住職が養父と私に突然、お金の入った封筒を差し出されました。私たちはびっくりして、お断りしました。しかし、ご住職は、「どうか受け取ってください」の一点張りです。

「じつは、うちの息子がお嬢さんの腕時計を黙って持って帰り、川に捨ててしまったらしいのです。最近様子がおかしいので問いただしたら、そのことを告白しました。申し訳ありません」

私は言いました。

「お気持ちだけで十分です。少年が悪気もなくついやってしまったこと。時計は別になくても、いまとくに困っていないので」

「お詫《わ》びの気持ちです」

「でも、こんな大金をいただくわけにはいきません。お金はいりませんので」

若い私に不釣り合いの金額をすんなり受け取ったら、逆にバチが当たる。そんな思いで何度もお断りしました。でも、ご住職の意志はかたく、結局養父と私はお金を受け取りました。そのお金を前に養父が私に言いました。

「養女のおまえにいままでたくさんの苦労をさせてしまったね。おまえはこのお金で東京に戻りなさい。そして好きなことを勉強しなさい」

養父は私の手に、お金の入った封筒を置きました。そして、黙って私の手を両手でぎゅっと握りしめました。そのときの養父の手の温かさを、私はいまでも忘れることができません。

突然、まるでギフトのように私のもとに来てくれたお金で私は美容を学び、そして八二歳になったいまも、私は美容の仕事で生計を立てています。

私は、お金は世の中を循環していくものだと思っています。

あのとき、ご住職からいただいたあのお金も、もともとはお寺の檀家《だんか》の人たちや近所の人たちの寄付やお賽銭《さいせん》が集まったものです。それが、どういうわけか、まるで嘘みたいな理由で、私のもとに舞い降りてきた。まるでドラマの一コマのようで、私には偶然とは思えないのです。

お金はやはり人を選ぶものなのかもしれません。**もしお金の神様がいるとしたら、きっと神様の目から見てお金を必要とする人にお金を届けようとするはずです。**たしかに私はあのとき、心からお金を必要としていました。でも、そこに卑しい気持ちはなかったのでしょう。「ほしい」「ほしい」と追いかけないほうが、逆にこちらに寄ってきてくれるのかもしれません。

私はお金をたくさん稼ぐことがけっして悪いことだとは思っていません。たくさんお金を稼いでたくさん税金を払うことも立派な社会貢献です。ただ、自分のためだけに愚かな散財をしたり、けちな蓄財をしたりするのは、人としてみっともないことだと思っています。私自身は、世間から預かったお金で次の世代の人たちをたくさん育てていきたい。メイクアップの学校や高校を設立したり、奨学金制度をつくったりすることに大きな喜びを感じています。

とにかく、お金は気持ちよく受け取り、気持ちよく手放す。お金は不必要に貯めず、世の中にどんどん循環させていく。そうすると、幸せな気分に満たされていくことをお約束します。

油断しない

物事がうまく運んでいるときこそ、
気を抜かないこと。
油断していると
「幸運」は逃げてしまうのです。

私は若い頃、保険の外交員をしていたことがあります。一八歳のときに養母が亡くなり、一九歳のときに山形から東京に戻りました。そして、昼間は生命保険の外交の仕事をし、夜はメイクアップを学ぶために美容学校の夜間部に通っていたのです。

その頃の私のあだ名は「スローモー」。のんびり、おっとりしているように見えたのでしょうね。保険商品の営業は、先輩社員の方と二人でコンビを組んでまわっていました。売らなくては、売らなくてはというあせりがない「スローモー」の私は、かえって人に警戒されなくてよかったのかもしれません。私たちのコンビは非常に高い営業成績をあげていました。

あるとき、午前中のうちに二件続けて契約がとれたことがありました。「今日はいい日だ。ついているな」。先輩がご機嫌になると、私も気分が上がります。

そしてその「ついている」日のうちに一生懸命、もっと仕事をすればいいのですが、気分がよくなったままお茶を飲みに行ってしまう。そうするとそこから急に空気が変わって、そのあとはまったくうまくいかない。そういうことが何回か繰り返されたことがありました。

そのとき私は思いました。**「幸運」が後押ししてくれているときは、その「幸運」を大事に扱わないとすぐに逃げていってしまうんだと。**

仕事でも、恋愛でも、結婚でも、子育てでもそうだと思うのですが、うまくいっているときこそ、有頂天にはならないことが大切だと思います。

努力の結果として物事が非常にうまく運んでいるときもあります。しかし、そこで浮かれた気持ちになると、その浮かれた気持ちはやはりまわりに伝わってしまうものなのです。うまくいっているときこそ、調子にのらない。そして平常心を保ちながら、それまで続けてきた努力を継続していくことが大事です。

努力を続けていく過程で大きなチャンスが巡ってきたときは、それは努力が運を呼んだと考えるべきです。「幸運」は何度も訪れてくれるわけではありません。自分に巡ってきたときにその運をありがたく思い、運をさらに生かすように、自分がそのときにできることに邁進《まいしん》するべきです。

ふだんからたいした努力もしていないのに、突然大きな幸運が舞い込むということもあります。多くの人はそれで舞い上がり、手放しで喜ぶことでしょう。

でも、自分の努力に見合わないような幸運は、ほんとうの幸運ではないのです。結局は扱いきれない幸運。身の程知らずの幸運は、逆に不幸を呼ぶこともあるでしょう。

「一攫《いっかく》千金」「濡れ手に粟《あわ》」という言葉があります。どちらもたやすく大きな利益を得ることのたとえですが、たやすく得られた利益は、けっして身につくものではありません。

ほんとうの幸運は、こつこつ努力をした人の上に舞い降りるものなのです。

心配しない

心配しても、
いいことは何もない。
人生はなるようにしか
ならないのです。

美容学校を卒業すると、同級生はみんな、美容院に就職しました。私がやりたいのは演劇のメイクアップの仕事なのに、どうしたらその仕事につけるのか、手段がわかりません。ジリジリとあせる気持ちを抱えながら生活しているとき、新聞の求人広告を見つけました。化粧品会社が美容指導員を募集していました。

「まず化粧品会社に入れば、演劇のメイクアップの世界にも近づけるかもしれない！」

私はすぐに面接を申し込みました。

そして、面接を受けに行くと、びっくりするほど大勢の志望者が並んでいました。まわりはきれいな人ばかり。そして学歴が高そうな人ばかり。これは自分なんか、受かるわけがないと心配になりました。でもそのとき、昔、小学校の先生に言われた言葉を思い出しました。

「いつもどこか、腰が引けているところがあるね。もっと『自分はできる』と思うことだよ。そうしたら、ちゃんとできるんだから」

ここまで来て、心配になって緊張してもしかたがない。ここで受からなかったら、私の未来の道はない。何が何でも、この会社に受かりたい。そう思って面接を受けました。結果、何千人もの志望者の中から六人だけが合格。私もそのメンバーに入ることができました。

心配というものは、一度始めるとキリがありません。受験に失敗しないだろうか、就職活動がうまくいくだろうか、自分は結婚できるだろうか、離れて暮らしている親が認知症にならないだろうか、もし親が認知症になったら自分が仕事をやめて介護しないといけないのだろうか。どんな人でも、考えはじめたら次から次へと心配なことが出てくるはずです。

でも、物事が進展する前に、あるいは物事がすでに進展している途中で心配をしても、何のプラスにもなりません。思考がストップしてしまい、決断が遅れるので、むしろマイナスです。

心配してもいいことは何もないのです。未来のリスクを考え、自分の人生が悪い方向にいかないように対策を考えておくことも大切ですが、必要以上に物事をネガティブに考えていると、かえって人生が縮こまったものになってしまいます。

心配でたまらなくなったら、心配している自分を心配したほうがいいでしょう。

何かが心配になったときは、心配をもっと膨らますより、いま目の前にある「自分がいまできる最大限のこと」に目を向けるのです。

だめだ、できないという気持ちは、「やっぱりだめだった、やっぱりできなかった」という結果を自分から呼んでしまいます。

だから、心配はしない。

結局のところ、どんなにあがいたところで、人生はなるようにしかならないのです。逆に、自分がいま歩んでいる道を一〇〇%信じることで、道は開けていくのだと私は思います。

一日を無駄にしない

「歳をとったらほどほどに」
が美徳なんて嘘。
一度きりの人生、
少し欲張りなくらいでいい。

私は「老けない人」というものは、毎日自分の心を刺激してくれるものがある人だと思います。それは何でもいいのです。あこがれのスターでもいい、お花を育てるのでもいい。何か夢中になれるものがあれば、確実に心は「昨日とは違う自分」に進化しているのですから。

ひとつのことに取り組み、徹底的に勉強するのも楽しいと思います。私が美容を教えた人の中には、更年期を境に美容に関心を持ち、六〇歳を過ぎてから美容のプロとして活躍するようになった人が何人もいます。

私自身は昔から、いくつものことを同時進行させて生きていくのが大好きでした。それは八二歳になったいまでも変わりません。でも、二〇歳の頃は「スローモー」な、のんびり屋でした。

結婚して娘が生まれてから、私はすさまじいほど変わったのです。とにかく時間を徹底的に有効活用しないと、仕事と家庭の二つを守っていけなかったからです。いつでもどこでも、複数のことを同時進行させていました。

その時代に心と頭が鍛えられたせいでしょうか。私はいまも毎日、たくさんのことを同時に進めていくのが好きです。こちらのテレビではニュースを見て、もうひとつのテレビでは自分が出演した番組のビデオをチェックする。趣味で続けている彫刻でも、異なる作品を同時に彫り進めています。一度にできることは全部いっしょにやってしまいたい。**「歳をとったらほどほどに」が美徳なんて嘘。このくらいの年齢になったら、人生、少し欲張りなくらいでもいいのではないでしょうか。**

子どもの頃、通信簿に「転がる石に苔《こけ》むさず」と書かれたことがあります。

イギリスのことわざ「A rolling stone gathers no moss」は、イギリス式に解釈すると、「仕事や住む場所を転々とする人は成功できない」という、あまりよくない意味です。私の担任の先生は当然、このことを親に伝えたかったのでしょう。とにかく、あきっぽい子どもでしたから。

でもこのことわざ、アメリカでは「いつも活動的に動きまわっている人は、能力をさびつかせない」という、よい意味に解釈されています。私自身は当然、アメリカ式に解釈しています。

どんな人でも、一日に与えられているのは二四時間です。その限られた時間をなんとなく過ごしてしまうのは、とてももったいないことだと思います。ひとつのことに集中して没頭するのもよし。同時進行でいろんなことに首を突っ込むのもよし。自分の心のおもむくままに好きなことにどんどん時間を費やしていいと思います。大切なのは、どんどん自分を刺激して、「自分」という人間を更新していくこと。**自分はまだ伸びる。まだまだ伸びしろがある。そう思いながら生きていくと、毎日に張り合いが生まれます。**

人はいくつになっても、新しい自分になることができる生きものです。

子育てを終えたあとでも、定年を迎えたあとでも、八〇歳を超えたあとも、自分にはまだまだ伸びしろがある。そんなふうに考えて、一日一日を大切にして生きていきたいものです。

うらやましがらない

次から次へとほしがらない。
心穏やかに生きたければ、
「足るを知る」ことです。

「あなたは恵まれているから」
「あなたはいいわね」

他人を見てはうらやましがるという行為は、どこかで自分の人生を否定している行為だと思います。「あなたはいい人生を送っている。私の人生はたいしたことない。でも、私だって〝ほんとう〟はすごい人生になるはずだった」という気持ちが見え隠れしてしまうのです。

私も二〇代前半で化粧品会社の面接を受けに行ったとき、他人のことをうらやましがりました。

美容指導員の面接を受けに集まったのは、私から見たら、「非のつけどころのない美人」ばかり。いいなあ、生まれつきの美人は。そして見るからに学歴が高そう。いいなあ、私だって戦争で養父の店が焼失しなければ、大学に行けたはず。着ているものも洗練されている。いいなあ、私だって戦争がなければ、東京でおしゃれのセンスを磨けたはず。自分にはないものを持っている（と思《おぼ》しき）女性たちを、私は羨望のまなざしで見つめました。

でも、思いました。いまの自分の人生を戦争のせいにしたところで、いったい何になるのだろう。ほんとうはこうじゃなかったと言ったところで、いま「こう」なのだから。だったら私はここから学識もセンスも身につけよう。私はたしかに「生まれつきの美人」ではない。ならば、ここから自分なりの美を磨いていくしかない、と。

そう自分の頭の中で納得して、私は「羨望」という気持ちを捨てました。

隣の芝生というものは、いくつになっても青く見えてしまうものです。なぜでしょう。それはいくつになってもキョロキョロと、「隣」の芝生を見るからです。自分は自分にふさわしい芝生を持っている。そしてこの「自分」の芝生は自分がきっちり手入れしている。これで十分だ。満足だという気持ちがあれば、隣の芝生など気にもならないはずなのに。

他人の持ち物や他人の人生をキョロキョロ見る前に、まずは自分にとっての幸せとは何かを考えるべきだと私は思います。これが私の幸せ、これがあれば私は十分幸せと思えるものは、人によって違います。そして案外、それはもう手に入っていることも多いのです。どうでしょう。あなたはもう十分に幸せを手にしていませんか。もし、そうであるならば、もうキョロキョロするのをやめることです。

キョロキョロすれば、また他人のものがよく見えてきます。そして他人のものがほしくなります。あるいは他人の持ち物よりももっといいもの、高いものがほしくなります。

人間は欲深な生きものです。でも、**欲の暴走は、不幸の始まり。ほんとうはたいしてほしくもないものでも、他人が持っているというだけでほしくなってしまうからです。**

大切なのは「足るを知る」ということ。これが「言うはやすく行うは難《かた》し」で、言うのは簡単だけれど実践するのはほんとうにむずかしい。でも、「足るを知る」境地に至れば、それは不満も不安も不幸もない、心穏やかな世界が待っているはずです。

私も九〇歳までには、その境地に至りたいと思っています。

欠点を隠さない

欠点を欠点と決めつけてはいけません。
たとえば歳を重ねて顔にできたシワは、
長く生きてくるうちに刻まれた、
人生の勲章なのです。

私が化粧品会社で働きはじめたのは、昭和三三年（一九五八年）のこと。入社して最初の二年間は、美容部員として山口県の化粧品店をまわっていました。

その当時は「メイクは欠点を修整するもの」という考え方が一般的でした。理想は、西洋人のような立体的で整った顔。それに足りない要素を補い、修整をするのがメイクと考えられていたのです。

「あなたは顔が大きいわりには、目が小さいですね。ではその小さい目をもっと大きく見せるために、アイラインを入れましょう」

「あなたは鼻が低いですね。ではその低い鼻をもっと高く見せるために、ノーズシャドウを入れましょう」

こんなふうに欠点を見つけては、そのままでは恥ずかしいから直しましょうと提案をする。いまの時代からは、ちょっと想像がつかない考え方かもしれませんね。

でも、ふだんの自分自身を振り返ってみてください。結構この「欠点修整法」で欠点と思しき部分を隠そうとしたり、修整したりしていませんか？

「顔にシワがたくさんあるから、ファンデーションをたっぷり塗って、見えないように隠してしまおう」

「背が低いから、いつも高いヒールの靴を履いて、背の低さがばれないようにしよう」

身に覚えがある方もいらっしゃると思います。

私は欠点というものは隠すべきではないと思っています。欠点は、ほかの誰でもない自分が欠点と決めつけるから欠点になるのです。一般的に考えたら欠点のように見えることも、これが自分の「個性」。これが自分の「チャームポイント」。そう考えて、その部分を自分の長所に変換することが大切なのです。

歳を重ねて顔にシワがたくさん出てきた。それは長く生きてくるうちに刻まれた、人生の勲章ではないでしょうか。皮膚にたるみが伴うからこそ、表情が豊かに見えるのです。だから、そのシワがより魅力的に見えるように、うるおいを与えて笑顔で生きていきましょう。背が低くて小さな体。ならば、その小柄な体だからこそ着こなせるファッションで、おしゃれに生きていこうではありませんか。

そして自分の欠点を探すよりも、自分の長所をピックアップして、長所を伸ばしていきましょう。

若いとき、素材がいい時代に覚えたメイクは、そのときはそれで十分美しくなれたでしょう。でも、歳を重ねていくと、やはりそのときとは違ってきます。「ここがだめだ」「ここも悪い」。そんなふうに否定的に自分を見るのではなく、いまの自分自身の「いいところ」を探して、磨きをかけていくのです。

人は年齢とともに顔にゆるみが出てきます。でも、顔がシャープでなくなったぶん、やさしそうな顔になってきたならば、そのやさしそうな顔がより素敵に見えるような表情を研究してみましょう。「いいところ」がひとつもない人はいません。**必ず顔に、体に、性格に「いいところ」はたくさん埋まっています。**

日々、自分のプラス部分を見つける癖をつけると、人生そのものが大きく変わってきます。なぜなら、自分の中に自信が根づくからです。そしてそういう人は人のプラス部分も見つけるのがじょうずになります。自分のまわりの人のプラス部分は、見つけたらどんどん言葉で相手に伝えてあげるとよいでしょう。

「あなたは額が広くて、とても知的に見えるわ」

「いつもラフなスタイルが、さまになっていてかっこいいね」

プラスの言葉は、まわりの人の心の中にも自信を生み、その心の輝きの輪はどんどん広がっていきます。こうすると、自分のまわりには「前に向かって」輝きながら生きる人たちが集まるようになり、自分自身の人生もどんどんプラスの方向に二倍にも三倍にも伸びていくようになるのです。

私はこれを「長所倍増法」と呼んでいます。自分自身もまわりの人も幸せにする、最良の方法です。ぜひ、試してみてください。

大騒ぎしない

小さなことでも
大きなことでも、
大騒ぎする姿は
とても醜いものです。

会社勤めを始めて間もない頃のことです。地方に一か月の出張に出かけることになったとき、トランクに入れていた出張経費の前渡金がまるまるなくなってしまったことがありました。交通費、宿泊費を合わせた二万五〇〇〇円という大金。私のその当時のお給料は約一万円、手取り八〇〇〇円でしたので、給料三か月分のお金がなくなってしまったのです。

その列車には偶然、先輩のベテラン美容部員が乗り合わせていました。列車が目的地に着く前に私はその先輩にトイレに行くように促されました。そしてトイレに行って戻ってきたとき、前方で私のトランクを開けている人が見えました。

「先輩?」

「あら、もうすぐ駅に着くから下ろしておいてあげたの」

何気ないやりとりをして、私は目的地で下車。先輩は列車でもっと遠方に向かいました。そして旅館に着いてトランクを開けたら、お金の入った封筒がない!

私は考えに考えて、会社に連絡を入れました。結局会社の判断で、この件は追及しないことになりました。ただその後、その先輩の出張先からの報告書には、私はぼんやりしたところがあって、心配な子だと書いてあったそうです。お金がなくなったことは誰もその先輩には伝えていませんし、私が会社に出した報告書にもこの件は書いていません。

なのに、なぜわざわざ、私のことを報告書に？

私は胸が張り裂けそうになりました。

ただ私がそのとき学んだことは、何か自分の意に反することに巻き込まれても、「悔しい」とか「恨んでやる」といった感情にまかせて行動するべきではないということです。相手の方にもきっと何かしら事情があるにちがいないと、思いやること。そして「起きたこと」はどうしたら早く解決できるかを考えて、行動するのが一番なのです。

結局、お金の紛失は私の過失ということになり、私はそこから毎月二〇〇〇円ずつ、一年以上かけてお金を返済しました。八〇〇〇円のお給料は毎月六〇〇〇円になり、そこから四五〇〇円の家賃を払うともう生活ができないので、私は実家に帰りました。

事情を知った私のまわりの人たちはみな、「なぜあなたが支払うことになるのか」と憤慨してくれました。

しかし、私の産みの母だけが涙をこぼしながら、こう声をかけてくれたのです。

「盗る側じゃなくてよかった。盗られる側でよかったのよ」

その後、件の先輩とは何度か顔を合わせることがありました。でも、その方は私とはいつも目を合わせようとしませんでした。こちらは何も言いません。先輩も何も言いません。しかし何年かして、その方が退職をすることになりました。そのときに私のところにいらして、泣きながら私に小さな声でおっしゃいました。

「ありがとう」

私はそのときすべてを呑《の》み込み、自分の判断は正しかったのだと納得しました。

日々の暮らしの中でも、大なり小なり、さまざまなことが起こります。けれど**自分を一番に守るために人をののしったり、人のミスを追及したり。そんなことにエネルギーを使うのは、非常に愚かなことです。**

時間も無駄ですし、自分ばかりを守ろうとする姿は醜いもの。

たぶん自分が覚えていなくても、それを見た相手やまわりの人は一生その姿を忘れないでしょう。

大騒ぎをしないということは、見苦しいことをしないということ。それは自分自身の、人としての品格を守ることにつながるのです。

悪口を言わない

どんな生き方をしてきたか。
顔にはすべてが
記録されていくのです。

人間の顔には「表情筋」というものがあります。表情筋をどんなふうに使って生きてきた人なのか、ということは、じつは顔に全部出てしまいます。

笑顔の多い人生を送ってきた人は目元や口元の筋肉が発達していて、よく動きます。でも毎日不満を抱え、人の悪口を言ってきた人は上目遣いで口角が下がりぎみ。**人の生きてきた道というものは、どうしても隠せないものなのです。**

その場にいない人の悪口というものは、盛り上がるものです。あの人は仕事ができないくせに、ちょっと年上だからと思っていばっている。上司のくせに管理能力がない。後輩のくせに生意気だ。私も若い頃、そんな悪口を自分の同僚に話したことがあります。でも、**悪口というものは必ずばれるようにできていますし、悪口を言っているときの人の顔はやはり醜いものです。**自分では自分のことはわかりません。でも、人が悪口を言う姿を見たときに、がっかりしたのです。このままでは外見が醜さでいっぱいになってしまう。そう思った瞬間から私はだんだん、人の悪口を言わなくなりました。

人の悪口を言う人というのは、どうしてもおたがいに引き合うところがあるようです。どんな組織にも不平不満を抱く人はいるもので、心はやはり表情に表れるもの。悪口を言う人は、悪口を言いやすい気配を察するのかもしれません。もし不満顔の人が近づいてきたときは、自分自身の心の中にある黒いかたまりを見破られた証拠です。不満分子は三人まとまればどんな組織の空気も悪くします。そんな「口害」メンバーになってはいけません。

悪口だけではなく、人の不幸なうわさ話に花を咲かせることもなるべく控えたいものです。いい話ならいいのですが、人の幸せな話はなかなかうわさ話にはなりません。**人は人の不幸が大好き。他人の生活が、他人の人生が気になって気になってしかたがない。**それは好奇心が強いというよりも、他人との比較によって自分の幸せを推し量ろうとする、とてもみじめな行為だと思います。

ただそうは言っても人と人です。特定の人物に対して抱えきれないほどのストレスがたまってくることもあるでしょう。私もかつて、つねに意見がぶつかり合う上司がいました。

いったいどうしたらこの方と会話ができるのか？　どうしたら説得できるの

か？　いつもキリキリしていたことがありました。

その方のお顔を見るのもつらい。でも、悪口を言いはじめれば、自分が損をするということはよくわかっています。そこで私は頭をひねって、どうしたらその方がかわいらしく思えるようになるのか考えました。

そこで思いついたのは、その方の幼い頃の顔を想像するということです。その方が赤ちゃんだったときの顔を想像し、体の大きさも二頭身にキュッと縮めて想像してみる。この方だって、昔は手足をバタバタさせておぎゃあおぎゃあと泣いていた時代がある。そう思うと不思議と憎む対象ではなくなってきました。

自分のほうが感情的になってまわりが見えなくなっているときは、自分をクールダウンする方法を考えることです。相手に対する悪い感情を持ったままでは、何を話し合ってもけっしてよい方向にはいきません。**悪い感情というものは、いくら隠そうとしても言葉の端々に、相手を見る目つきに出て、相手に伝わってしまうものだからです。**最善策は、「汝《なんじ》の敵を愛する」ことです。憎む前に相手を少しでも愛すること。相手にも愛すべき、かわいらしい時代があった。この相手は自分が憎むべき対象ではないのだと深く思うことです。

汝の敵を愛することによって救われるのは、結局は自分の心です。心に愛がある人は、やはり顔に愛がにじみ出てくるものです。人は歳を重ねれば重ねるほど、顔ににじみ出てくる愛に差が広がります。

このことに、若いうちに気づけた人は幸せです。

お迎えが来る頃になっても、心の中が悪口や憎しみでいっぱいの人も世の中には大勢います。それはとても不幸なことだと私には思えるのです。

人生の最期は、微笑《ほほえ》みと感謝と涙に包まれて完成させたいものです。

「なんで？」を口にしない

一分前でも過去は過去。
過去を嘆いても過去は変わりませんが、
未来はこれからいくらでも
変えていくことができるのです。

会話の中で純粋に疑問に思ったことを「なんで？」と聞くのは別にかまわないと思います。でも、自分の人生に不本意なことが起きたときに、「なんで？」を繰り返すのはやめましょう。

「なんで自分ばかり、損をするのだろう」

「なんで自分は、ガンになったのだろう」

「なんで自分は、好きな人に捨てられてしまったのだろう」

過去を振り返って、いまの自分を嘆いても、何も変わりはしないからです。

私も一〇代の頃、嘆き節を口にしていたことがあります。

「なんで私には親が五人もいるのだろう」

「なんで私ばかり苦労させられるのだろう」

「なんで私の前を幸せがすり抜けていくのだろう」

こういう言葉を口にすることで、どこかで他人に助けを求めていたのかもしれませんね。「そんなこと言わないで」と励ましてくれる人がほしかったのかもしれません。あるいは、「そんなにあなたが言うほど、あなたは不幸じゃないよ」

と、私のつらい境遇を誰かに否定してほしかったのかもしれません。

私がほんとうに「なんで？」を口にしなくなったのは、三〇歳のときの自動車事故のあとからです。

「三〇歳から人生が開けると、占い師に言われていたのに、なんでこんな目にあうの？」

それを言ったところで、何にもならないでしょう。**起きてしまったことは起きてしまったことなのです。後ろを振り返って「なんで？」と言ったところで、そこに意味はありません。**得るものは何もないのです。

もう後ろは見ない。前を見ることだ。また私の中で「自分の芯」がシュッと立ち上がるのを感じました。

「何とでも、してみせる」

「こんなこと、何でもない」

過去ではなく、少しでも自分の未来をよくする言葉が、自然に私の口から出てきたのを覚えています。

どんな人間でも、つらいこと、いやなことが続けば、そこから逃げ出したくなります。自分のせいだと思いたくないのも、あたりまえのことだと思います。でも、誰かのせいや何かのせいにしたところで、その状況は解決されないのです。

つらいとき、苦しいときこそ、未来を見てください。

一分前でも、過去は過去。

過去を嘆いても過去は変わりませんが、未来はまだいくらでも、変えられるのですから。 未来が少しでもよくなるように、いまできることを最大限やっておく。そういう思考に頭を切り替えましょう。

八〇歳を過ぎても、どうしてこんなに前向きなのか。私に対して不思議に思う方も多いかもしれません。どうしてでしょう？　それこそ、私も純粋に自分に聞いてみたいです。「なんで？」と。

反撃しない

誰かの言葉で傷ついたときは
自分も人を傷つけていないか、
振り返るべき。
けっして反撃してはいけません。

人が発した何気ない言葉で、よく傷ついてしまう方がいます。きっと真面目な方なのだと思います。相手の言うことを真面目に受けとめ、相手はどういう意図で言っているのか深く考えてしまう。そして後ろ向きに考えたり、イライラしたり。でも、人生の時間は限られているのです。そんなことに時間を費やすのはほんとうに無駄。言葉を発した相手の方は、なんの気なしに発している言葉であることが、ほとんどです。

会社勤めをしていたときのことです。私がベージュ系の口紅をつけていると、「おやおや、小林さんは双子だったんですね。今日はお姉さんのほうがご来社ですか」とよく言ってくる上司がいました。ベージュ系の口紅というのは、赤やピンクといった華やかな色ではなく、ナチュラルメイクですから、顔が少し地味に見える……。つまり、老けて見えるとその方は言いたかったのでしょう。

正直なことを言うと、ちょっと傷つきました。でも、言い返すほどのことではありません。いわば、美意識の違い。上司は、いかにもメイクしました、という顔が正しいと思う人。派手をよしとする人。私は、それとは逆の価値観を持っていた、ということ。だからこれは、私の心にたまたま飛んできた爪楊枝《つまようじ》。そう思ったら、気にならなくなりました。

世の中は、バラエティボックスです。いろいろな個性の人がいますし、生まれも育ちもみんな違います。礼儀がなっていない人、こちらがあいさつをしても無視をする人、さまざまな人がいて、この社会は成り立っています。いつも他人にきついものの言い方をする人もいます。いつも大声の人もいます。でも、それをひとつひとつ気にして傷ついていたら、心が擦りきれてしまいます。

人はみんなバラバラだからこそ、おもしろいのです。横並びでみんなが同じような反応をしないからこそ、刺激的にもなるのです。もしふだんの生活の中で何か傷つくような言葉に出会ったときは、逆のことも考えてみてください。では、自分が発した言葉は少しもその相手を傷つけていないのだろうか、と。

人はどうしても、自分を中心に考えがちです。親しくなればなるほど、自分の感覚、自分の価値観を相手が共有しているものと勘違いしてしまうのです。

でも、**夫婦であっても、親子であっても、別個の人間です。相手は相手の感覚**

で、こちらが何気なく言った言葉で傷ついていることもあるかもしれません。自分だけが傷つけられた、自分だけがかわいそうと思わないこと。自分が傷ついたときは、もしかしたら自分のほうが先に相手を傷つけていたのかもしれないと、考えてみましょう。

けっして相手に、心に突き刺さる、槍《やり》のような言葉で反撃などしないように。

自分のところに飛んできたのは、爪楊枝。半分に折って、心の中のゴミ箱に捨ててしまえばよいのです。

見返りを期待しない

子どもに寄りかかるのは
おかしなこと。
子どもには子どもの
人生があるのです。

私はいま、五三歳の娘と二九歳の孫と暮らしています。娘が生まれたのは昭和三九年（一九六四年）。その頃は女性が子育てをしながら働きつづけるためには、人の二倍も三倍も働くのがあたりまえの時代でした。

これだけがんばっている。それを周囲に認めさせなければ、会社に残ることはできない。そんな時代だったのです。

仕事は毎日非常に忙しかったので。帰宅が夜遅くになることも日常茶飯事。でも、娘のことはかわいくてしかたがなかった。私と夫という夫婦を選んで、私たちのところに生まれてきてくれた子。そう思うと、娘のためだったらどんなことでもしようという気持ちがわいてきました。

娘が小さいときに大事にしていたのは、夜、眠るまでの時間を楽しく過ごすことです。話をしたり、絵本を読んだりして、娘が眠ってからワーッと洗濯したり、洗い物をしたりの毎日でした。

娘が赤ちゃんのときは、個人の保育所に預けていました。保育所では朝一〇時から午後四時までしか預かってもらえないので、保育ママの力を借りました。私立の保育園に入れたのは、娘が二歳を過ぎてからのことです。

もう少し大きくなってからは、朝、髪を結ってあげる時間が、私たち母娘にとってはとても大事な時間になりました。

「今日はどんな気分？」

私が聞くと、娘が少し考えて答えます。

「ピンク色の気分」

「そう、今日はやさしい気持ちなのね。じゃ、今日はこのキラキラしたピンクのおリボンとピンどめをしましょう」

赤、青、黄色、緑。娘の気分に合わせて、私は娘が好きな色のリボンやピンを髪につけてあげました。

赤ちゃんだった娘が小学生になり、中学生になり、高校生になり、大学生になり……。そして愛する人と巡りあって結婚し、孫が生まれました。孫をこの手に抱いたときも私は涙がポロポロ出てきました。

子どもは、たくさんの可能性を持ってこの世に生まれてきます。真っ白な心で、

何者にもなれる可能性を持って。

私はいま、美容に特化した通信制高校をつくり、学園長も務めています。その高校生たちも、私にとっては限りない可能性を秘めた後輩であり、私が育てている子どもたちです。人が一人前に育っていく姿を見ることは、とても楽しいことです。ひとりでは何もできなかった子が、社会性を身につけ、使命感を持って社会に羽ばたいていく。その痛快な軌跡を、私たちは見せてもらっているのですから。

子どもを育てていると、自分の思い通りにならないこともたくさん出てきます。そこに腹を立てて、子どもに手をあげたり、子どもに当たり散らしたりする親の気持ちも、まったくわからないわけではありません。

でも、私たちは子どもを育てていると同時に、子どもに育ててもらっている部分もたくさんあります。子ども同士のけんかから、相手の親に理不尽なことを言われても、グッと我慢する賢さ。自分本位ではなく、子どもという、いっしょに生きる家族のことを考えてあげる思いやり。そういったものを、私たちは子どもから与えてもらっているということに気づかないといけません。

「こんなによくしてあげたのだから、いつか自分が老いたときには、介護をしてくれるのはあたりまえ」などと、将来の見返りを考えないことです。もし、自分が倒れたときでも、子どもには子どもの人生があるのです。昔の御恩返しで、子どもが親を看病するのはあたりまえではありません。

たがいに支え合うことも大事ですが、たがいに独立しながら生きることも大事です。 どんなに昔、大変な思いをして子どもを育てたのだとしても、けっして見返りを求めて子どもに寄りかかるようなことはしないこと。そこで、人としての品性を私たちは問われるのだと思います。

自分を卑下しない

「どうせ私なんか」という
言葉は封印する。
人はひとりひとり
輝けるようにできているのです。

「もう私なんか、歳だし」

「どうせ私なんか、いまさら努力しても変わらないし」

そんな言い方をする人をたまに見かけることがあります。子どもが巣立ってから、あるいは長年勤めた会社を定年退職してから、さあ新しいことを始めようという方もたくさんいる一方で、このように自分の人生を半ばあきらめたような態度をとるのはとてももったいないことだと思います。

自分を卑下する人は、「卑下する癖」がついてしまっているのかもしれませんね。女性の場合、謙虚にふるまうほうが愛されると、子どもの頃から思い込んでいる方が多いのかもしれません。「私、わからない」「私、できない」というかわいらしい受け答えのほうが、まわりの人間が助け船を出してくれる。それを知恵として学んでいる人もいるでしょう。でも、いつまでも「私なんか」を繰り返す人に、誰がついてくるでしょうか。ある程度の年齢になったら「かわいいの先」にある「責任」と「自信」を身につけるべきだと、私は思っています。

人は傲慢な態度をとっていれば、周囲から反発をくらい、たたかれます。でも謙遜が過ぎるというのも考えもの。「とんでもない、私なんか」は、相手の「そんなことないですよ」を強要するとても面倒な言葉にもとられます。そして、自分を出さずに人の陰に隠れた生き方をしていると、それは顔つきや姿勢にもだんだん表れてくるのです。

「**人間には凸《でこ》と凹《ぼこ》がある**」と教えてくれたのは、私の人生の大先輩である鯨岡《くじらおか》阿美子さんです。鯨岡さんは、ファッション業界の女性リーダーを中心とした、国際的な非営利団体「ザ・ファッショングループ」を日本で立ち上げたジャーナリストで、いわば戦後ファッション業界の草分け的存在。一九七〇年代には、ニューヨークを皮切りに全米で行われた、日米文化交流のためのファッションイベント「ジャパン・ショウ」を陣頭指揮されました。私はその準備にかかわらせていただきました。

あるとき私は鯨岡さんに猛烈な勢いで怒られたことがあります。

私は化粧品会社という組織の人間なので、打ち合わせの場でも会議の場でも、とにかくメモをとる癖がありました。物覚えが悪い人間であることは自覚していたので、耳で聞き、手で書き、覚えるということを実践していたのです。

ザ・ファッショングループの会議でも、私は毎回細かくメモをとっていました。会議に出席しているのは、ファッション業界で著名な方ばかり。その中のおひとりが私に名刺を渡して、あとでそのメモ内容を自分のところに送るようおっしゃいました。私は「はい、わかりました」と素直に名刺を受け取りました。その私の姿を見て、鯨岡さんがあとでこう言いました。

「あなた、人はみんな平等なの。あんなことしていたらだめよ。人には凸と凹があるの。控え目に引っ込んでばかりいると、どんどん人につけ込まれるのよ。

あなたの変にへりくだった態度は凹なの。そこで相手は、あなたはおとなしく言うことを聞く人間だろうなと思って自分の要求を押しつけてくる。つまり、相手はどんどん凸になっていくのです。でも、そうさせているのはあなた自身の態度ですよ。**謙虚で控え目であるということは、人に軽く扱われる存在になりかねないということを、よく覚えておきなさい**」

謙虚であるということは、日本人の美徳です。でも、謙虚の出し方を間違えると、いつも自分が不本意な役まわりを負わされることにもなります。このときの鯨岡さんの教えによって、私はふわふわのんびりした自分を断ちきることを、意識するようになりました。

いつも強い立場に立てるほど、自分に自信がない。それは誰だって同じです。私自身、いまだに「自信のかたまり」にはなれません。でも、自信がないからこそ、人は学び、自分にしかできないことを実現しようと努力をするのではないでしょうか。

「努力？　どうせ私なんか、無理」。いいえ、無理なことはありません。努力のしかただって、人それぞれ。人の輝き方も人それぞれです。

そもそも人に序列はありません。**どちらが偉い、どちらが偉くない。それを忖《そん》度《たく》して、自分から「影」になるのは、もうやめにしませんか。**そのためにはまず、「どうせ」という言葉を口にするのは、やめてみる。そんな投げやりな言葉は封印するのです。それが自分を輝かせるための第一歩となります。

見栄を張らない

外見を豪華にしても
中身が伴っていない人間は
堕《お》ちていくだけ。

会社員時代に人にお金を貸して、踏み倒されてしまったことがあります。その方はかつてあるボランティア活動でごいっしょしていた方でした。その方がある日突然、私に電話をかけてきて、

「ねえ、お金を貸して。今日、どうしても必要なの」

と言うのです。びっくりしましたが、無下に断ることもできず、言われるまま、私にとっては大きな金額を貸しました。しかし結局、その方の会社は倒産。私のほかに二人、その方にお金を貸していたようです。私たちは公証役場に行き、貸したお金をきちんと返してもらえるよう、公正証書をつくってもらいました。

お金を貸した私たち三人はふつうの装い。しかしそこに現れた借主は、全身ブランドずくめです。もう、滑稽でした。その女性は目をショボショボさせながら、言いました。

「ごめんなさい、ほんとうにごめんなさい。でも小林さん、あなた、お人好《ひとよ》しだから悪いのよ。私、あなたに電話をかけたとき、背後でこわい人に脅されていたの。私、あなたが断ってくれると思いながら電話していたのよ。小林さんが、あ

のとき断ってくれたらよかったのに」

聞きたくない言葉でした。その人はいろいろな人に電話をしていたようです。そして、人のいい三人がお金を貸してしまったのです。返してほしいと言ったら、貸したあなたたちが悪いと言うばかり。結局そのお金が返済されることはありませんでした。でも、それでよかったと思っています。もう返してほしくもないお金です。

がんばって成功すると、人は見栄を張りたくなる時期もあると思います。高価な服、高価なバッグ、高価な車。高級住宅街にある住居。いろいろなものがほしくなる時期。

でも、私はこう思います。

中身がファーストクラスでない人間が、ファーストクラスに乗ってはいけない。

身についていない豪華なものは、やはり浮いて見えるものです。そのときの本人の中身がついてきていないからです。それをいくら無理して維持しようとしても、生活が破綻するのはあたりまえです。破綻しても豪華なものにしがみつこうとすると、あとは中身が腐っていくだけ。

そもそも、そんなに親しくない間柄でお金の貸し借りをすること自体、あまりいいことではありません。でも、困っているときに助けてくれた相手には、必ず感謝の気持ちを持って誠意を見せるべきです。

人は徳を磨いていくのには、時間がかかります。でも、地に堕ちていくときは一瞬です。堕ちていく人間は、自分がどんどん堕ちていることすらわからなくなってしまうのです。

年齢とともに磨いていかないといけないのは、見栄を張れる車や靴やバッグではありません。人間の中身です。誠実さです。それが磨かれていけば、外見で見栄など張らなくても、人も、大きな仕事も向こうからやってくるのですよ。

お若い方に、とくに覚えておいていただきたい話です。

早口にならない

やさしく話してごらんなさい。
人の印象は、
話し方ひとつで変わるのです。

「てこちゃん、もう少しやさしく話してごらん。そうしたら、うまくいくから」

あるとき、何度話し合っても、物事がうまく進まないことがありました。私は、一生懸命、自分の思いを伝えようとしていました。

このとき、五〇歳。仕事でもプライベートでも、それなりに経験を積んでいましたから、多少なりとも自信があったのでしょう。私は、強い口調で自己主張をしていました。そんなとき、身近な人から、こう諭されたのです。

ついつい自分の思いを通そうとして、私はそれまできつい物言いをしていることに気がつきませんでした。人の同意がすんなり得られなければ得られないほどあせり、ますます理論武装してきつい言い方をしていたのかもしれません。そんなことをすれば、逆に私の話に耳を傾けてくれる人が減っていくのに。

自分と相手、おたがいが心地よく話すことができてはじめて、「大人の会話」が成り立ちます。それにはまず相手が、こちらの話を聞こうという気持ちになってくれることが大切。その積み重ねが、共感に結びつくのです。

世の中にはいつも人を言い負かしてしまう人もいます。でも、それは人とのコ

ミュニケーションがじょうずだからではありません。むしろへたなのです。人から新しいものを引き出す前に、人を土俵の外に追いやってしまうのは「会話」ではありません。相手を言い負かす人というのは気持ちのうえでは、毎度、人に負けているということなのです。

私が長らくかかわってきた美容の世界では、こういうことが言われています。腕のいいエステティシャンは、お客様の「呼吸」に合わせて施術を行う、と。同じリズムでスーッと息を吸い、フーッと吐く。自分と相手の呼吸がぴったり合っていれば、相手は安心感を持ち、体もほぐれていく。リズムや呼吸を合わせることが、最高の心地よさを生むのです。

「正しいことはやさしく話してごらん」。こう言われてから私が心がけたことは、いつ、どんなときでも、やんわり、ゆっくり話すことでした。相手が質問しやすいように、いつでも、やさしい気持ちを保ちながら。

言葉はやさしくても、早口でしゃべるのはもったいないことです。たとえば、セリフの中にテンもマルもなく、まくしたてる。相手の言葉に、かぶせてしゃべる。これでは相手は、合いの手も入れられなければ、質問もできません。どんなにすばらしい内容を話したとしても、このような話し方では、相手は不快に思うだけなのです。

やんわり、ゆっくり。相手の呼吸やリズムに合わせて。

こうして私は、五〇歳のとき、話し方を変えたのです。

話し方ひとつで、人の印象は変わります。話し方を変えるだけで、人生も大きく変わっていきます。

やさしく話すようにしたら、人間関係が広がっていきました。このときから、異性の友だちやうんと年上、年下の友人が増えていきました。六〇歳を過ぎてからは、かけがえのない女友だちにも出会えました。

何歳になっても、新しい人間関係はつくれるものです。たとえ七〇歳になっても、八〇歳になっても。話し方を少し変えるだけで、対人関係はスムーズになり、毎日の生活が楽しくなります。

舞い上がらない

耳が痛いことを言ってくれる身内ほど
ありがたいものはない。
「ほんとうにやさしい人」が誰なのかを
見誤ってはいけません。

仕事がうまくいっているとき。家族以外の人に評価され、賞賛されているとき。人はどうしても、自分の身内を大事にすることをおろそかにしたり、身内への感謝の気持ちを忘れたりしがちです。身内は自分の成功を支えてくれてあたりまえ。身内は多少のことは我慢してくれてあたりまえ。いっしょに暮らしている家族などにはとくに、ついつい甘えが出てしまうのでしょうね。

私は三一歳になってから、仕事で立て続けに成功をおさめることができました。商品開発をする「美容研究室」という新しいセクションに、三〇歳のときに異動。そこで私は消費者がほんとうにほしいと思える商品をつくり、売り出すために、毎日猛烈な勢いで働いていました。その甲斐あって、三一歳、三二歳のときに手がけたキャンペーンでは大きな結果を残すことができました。

私は、「努力の上に運を積み重ねることができた」と、自分自身の放ったヒットに満足していました。でも、そんなときにひとりだけ、私の傍らには、浮足立たない人がいました。夫です。夫はいつも私に口うるさく言いました。

「それで、仕事はいつやめるんだ?」

「いつも他人に預けられる、子どもの気持ちを考えたことがあるのか？」

そのたびに私ははぐらかして言いました。

「そうねえ。そのうちにね。考えておくわ」

「わかっているわよ。でも、このキャンペーンを立ち上げるまでは私、がんばらなくちゃいけないのよ」

いつもその場しのぎの言葉で逃げていこうとする私を、夫は許そうとはしませんん。そして何度も繰り広げられる口論。私は正直、うんざりしていました。「どうして夫は、仕事も育児もがんばっている私を評価してくれないのだろう」。そんなふうにも思ったりもして。

でも、もしこのとき、「どんな仕事をしていようと、まずは自分の子どものことを一番に考えてやれ」という夫の言葉を毎日聞いていなかったら……。私は家族のことを顧みない、働きマシンになってしまっていたことでしょう。

夫の言葉はいつも耳が痛いものばかりでした。けれど、考えてみれば、自分の半径五メートル以内で暮らしている家族のことも考えてあげられない人間が、いきなり世の中の女性たちの幸せを考えるのは、やはり変な話なのです。

いまだからこそ思うのですが、夫が私にさまざまな叱責を続けてくれたからこそ、私も必死になって娘のためにできることをしつづけることができたのだと、亡き夫にはとても感謝しています。

どんな人間でも、自分の耳に心地よい言葉を好むものです。いまの自分を評価し、ほめそやしてくれる人が「いい人」。いまの自分に意見をしてくる人は「面倒くさい人」「いやな人」。でも、いいことばかりを言ってくれる人というのは、こちらの人生に対する責任がないからこそ、いいことばかりを言ってくれる。そんなことも多いのです。

波風が立つような、いやなことを指摘して言ってくれる人というのは、大人になればなるほど、減ってきます。それでも「あなたはいま、間違えてはいけないよ」「舞い上がってはだめなんだよ」と、耳に痛いことを言ってくれるのは、自分や自分たちの未来をきちんと考えてくれているからこそなのです。

自分にとってどうでもいい人には、人は何にも言わないものです。どうでもよくない、大事な人だからこそ、だめなこと、いやなことも指摘してくれるのです。

「ほんとうにやさしい人」が誰なのかを見誤ってはいけません。

そしてまた、自分がまず大切にしないといけないものは何かを、きちんと見極めてほしいと思います。

間違っても、耳が痛いことを言ってくれる人を、憎んではならないのです。

無理をしない

八〇過ぎたら、風邪をひかない、
転ばない、義理を欠くでいい。

五〇代後半のときに、知り合いの登山家に呼吸法の改善をすすめられました。緊張しているときや疲れているときは、吐く息を意識して呼吸する。まず、息をゆっくり吐きます。少し口をすぼめて「フーッ」と、できるだけ長く吐いていきます。そして、すっかり息を吐ききると、自然に鼻から空気が入ってきます。そうしたら、また口からゆっくり息を吐いていく。この呼吸法を数分続けると、体のこわばりがとれ、とてもリラックスできます。

人の自律神経には、交感神経と副交感神経があります。息を吸うときには体を緊張させる交感神経が働き、吐くときは体をゆるめる副交感神経が働きます。「息を吐くこと」を意識すると、副交感神経が主導になります。それゆえに体も心も自然に安らぐことができるのです。

意識をして力を抜かないと、ずっと「がんばりっぱなし」ということはありませんか？

「あれもやらなきゃ」「これもやらなきゃ」。仕事、家事、子育て、介護、友だちづきあい、どれも手を抜かないでがんばる人がいます。でも、考えてもみてください。何でも完璧にこなせる人間などはいないのです。**手を抜くところは抜く。無理なことは無理だと言う。そして、自分の身をいたわる時間を持つ。**それはけっして恥ずかしいことではないと思います。

私が昔勤めていた化粧品会社の創業者である、故・小林孝三郎さんが昔、こうおっしゃいました。

「八〇過ぎたら、風邪をひかない、転ばない、義理を欠く」

ご自身が八〇歳を過ぎたときにおっしゃっていた言葉です。八〇を過ぎると自分と同年代の仲間たちのお葬式も多くなりますよね。そのお葬式に行ってまた誰かしらが風邪をひいたり、転んだりしたらまわりにかえって迷惑がかかるから、よくない。八〇過ぎたら風邪をひかない、転ばないを心がけること。そしてそのためには、お葬式に無理して参列しないという不義理もありなのだという小林孝三郎さんの教えです。

義理を立てるという概念は日本では昔から、守るべき規範として考えられているところがあります。しかし、義理を立てようとして自分の年齢も考えずに行動したのでは、別の場所でいくつもの不義理を働くことになるかもしれません。「誰かに悪口を言われるかもしれない」。それはそれで別によいではありませんか。そんな目先のことを気にするのではなく、それよりも少し先の未来のことも考えて、**不義理をするときは不義理をしてもかまわないのです。**ただし、心の中で手を合わせる「人情」というものを忘れないようにしましょう。

私も八〇を過ぎて、何かをいただいたときにすぐにお礼状が書けないことがあります。うれしい気持ち、感謝する気持ちはなるべく早くお伝えしなければと思っています。

でも、メールではなくきちんとしたお手紙で、という場合はやはり少し時間がかかってしまいます。ただしそのぶん、一筆一筆、心をこめた言葉でお手紙を書かせていただきます。そのほうがあせって書いた形式的なお礼状よりも、気持ちが伝わることが多いと思うからです。

忙しくて気持ちに余裕がなくなってきたときには、また息を「フーッ」と吐き出し、心を整えます。まずは自分の体と心のバランスをよい状態に保つこと。年齢に関係なく、ベストパフォーマンスというものはそこから生まれるのですから。

ゆっくり長く息を吐くと、頭の中もクリアになってきます。そしてそのときに何が一番大切なのか、ということもはっきり見えてくるから不思議です。

嘘をつかない

この世で
嘘をついても許されるのは、
愛《いと》しい人を
看病しているときだけです。

「嘘をついている人」「悪いことをしている人」を、私はすぐに見抜くことができます。**「嘘をついている人」や「悪いことをしている人」は、必要以上にペラペラおしゃべりをする傾向があるのです。**心にやましいことがあるのを、隠そうとするのでしょう。

昔、私のもとで働いていた男性で、こんな人がいました。

「ウィッグ（かつら）を購入したいんです。かなり高価なものになりますが、やはり仕事のクオリティ（質）を高めたいので」

熱弁を振るうので、会社としていくつか購入しました。ヘア・メイクという仕事にかかわる社員みんなが仕事で使えばいいわけですし、仕事に役立つものにはきちんとお金をかけようと思ったからです。

でも実際は、彼は仕事には使っていませんでした。ヘア&メイクアップアーティストという仕事をしていた彼は、なんとその高価なウィッグを人が見ていないところで安いウィッグと入れ替えて、自分のものとして持っていってしまったのです。持っていったのは、ウィッグだけではありません。せっかく育てた腕のいい女性ヘア&メイクアップアーティストを手なずけ、彼が私のもとを離れて独立するとき、彼女も引き抜いていってしまったのです。

私はその彼を一切、とがめませんでした。ウィッグのことはかなり早い段階で知っていましたが、何も言いませんでした。ただひと言、「次の契約ですが、更新はしませんので」と伝えただけです。

何年か経って、ばったり、自宅マンションのエレベーターで会いました。なんと、同じマンションに住んでいたのです。すると、彼のほうから私にガッとしゃべりかけてきました。次から次へと出てくるお世辞、意味のない世間話。嘘や悪いことは、誰も見ていなくても、自分自身が見ているものです。そして、自分自身が忘れていないからこそ、気にして、自分のしたことを隠そうとする。**嘘や悪いことは、それを一回でも働けば、一瞬では終わりません。その後始末は一生続くのです。**

子どもの頃、兄を見ていて、人間には嘘をつくのがじょうずな人とへたな人がいるのだなあとつくづく思っていました。兄は何でも顔に出てしまう。だから大人に隠し事ができないのです。

それに引き換え、この私。しれっと、「知ーらない」「わからない」と、どんな大人でも騙《だま》せてしまう。幼い頃、兄に「照子は嘘の天才！」と言われたこともあるほどです。これはまずい。私は大嘘つきになる才能がある。子ども心に私は、嘘と縁を切らないと、自分の人生が人の道からはずれていってしまうような恐怖感を覚えました。

兄は正直なぶん、人に慕われていました。人という財産を集めていくには、正直でないといけないのだ。兄は身をもって教えてくれたのだと思います。「嘘をつく」ということは、ほんとうに苦しいことです。追及されれば追及されるほど、嘘を塗り固めていかなければならないのですから。

この世で嘘をついても許されるのは、愛しい人を看病しているときだけではないでしょうか。たとえ治らない病だとわかっていても、「必ず、治るよ」「絶対、助かるから」と、励ますでしょう？

私の夫は晩年、脳梗塞の後遺症で夢と現実の境目が曖昧《あいまい》になっていました。病

室に行くたびに、

「ブラジルに行ってきたよ。みんな元気だったよ」

と言っていました。そこで私が毎回言うのです。

「よかったねえ、おとうさん。またみんなで行こうね」

「うん、元気になったら」

夫が子どものように、無邪気に笑います。私はいつも太鼓判を押していました。

「大丈夫よお。元気になれるよ」

夫が退院する日を迎えられないことは、もう私には伝えられていました。でも、最期まで楽しい気持ち、前向きな気持ちを失わないでいてくれるのなら、私はどんなに嘘を重ねていってもかまわないと、このとき思ったのです。

ついてもいいのは、人の心を支えるための嘘。

それは「よい嘘」と言ってもいいのではないでしょうか。

いやな言葉は口にしない

乱暴な言葉、汚い言葉は
いつかブーメランのように
自分に戻ってくるのです。

言葉にすると、実現が早くなる。

八〇歳を過ぎてから、私はますますこう確信しています。言葉は魔物です。考えてみれば自分の考えが音声になり、人の耳にも自分の耳にも入ってくること自体、魔訶《まか》不思議なことですよね。

私はいままで、自分が口にしたことが現実になるという経験を、何回もしています。

そこで私は自分の学校でも生徒たちに、

「思っていることは言葉にしなさい」

「自分の夢を言葉にしてまとめてみなさい」

「人に言いなさい」

と教えています。

人は、言葉にしたら自分で責任を持ってかなえていくもの。引くに引けない状況を自分でつくることも、ときには大事なのです。

夢を語る言葉はどんどん口にしましょう。「夢はかなわないから夢」なのではありません。夢は口にして、実現する癖をつけていけばいい。でもそのぶん、悪い言葉は口にしてはいけません。言葉という、自分の息にのせて発したものは必ずブーメランのように自分に戻ってくると思うからです。

言葉は言霊《ことだま》。やさしい言葉を発したら、それはいつか必ずそよ風のように自分のもとに戻ってきます。**でも、鋭くとげとげしい言葉を発すれば、それはいつか必ず刃物のような物質になって自分に戻ってきます。**

いままで人から乱暴な言葉や、不愉快な気持ちになる汚い言葉を聞かされたことはありませんか？　そのときあなたは傷つき、苦しい思いをしたかもしれません。でも、それはもしかしたら、あなたが以前使っていた言葉かもしれません。あるいはあなたが心の中にずっと持っていた言葉かもしれません。それがぐるりと巡ってあなたを直撃したのです。乱暴な言葉や汚い言葉は、いつかブーメランのように自分に戻ってくるのです。

言葉に出した夢がいままで全部実現しているという人ほど、気をつけましょう。そういう人はよくないことも実現させてしまうからです。自分が成功しているからといって人の失敗を願うような言葉を口にしないことです。

私はふだんの生活の中でも、自分の心のプラスになることしか言わないようにしています。よく眠れなかった日でも、朝起きたら「ああ疲れがとれて、スッキリ！」と自分に声をかけます。「いやだな、全然眠れなかった」「あーあ」「疲れた」「気分最悪」などと言おうものなら、言葉の魔力でますます体のコンディションが悪くなるからです。

マイナスの言葉は口にしない。

生活の中の小さなルールですが、大事なことだと思っています。

粗末にしない

食べものを粗末にする人は
自分を粗末に扱っていることに
気づかなければいけません。

生きていくうえで粗末にしてはいけないことは、三つあると思います。「食べもの」「自分」「人間関係」。この三つです。

食べものを粗末にする人は、自分を粗末にしている人です。家に食べるものがあるのに、わざわざ高いものを買って散財する。三食きちんと食べないで、平気で残す。こういう行為の繰り返しは結局、自分に跳ね返ってきます。家計にしわ寄せがきたり、健康を害したりして、自分が苦しい思いをするのです。

そして、**自分を粗末にしている人は、他人を大事にすることもできません。**他人を大事にできない人は結局、人間関係を失うことになるのです。この三つは、密接につながっていると私は思います。

では、どうしたら、人生をいい方向に導くことができるでしょうか。

まず、食べものに関して。出されたものは粗末にせずしっかりいただき、食事の時間そのものもしっかり味わいましょう。

私が子どもの頃に山形で毎日食べていたのは、ごはん、お味噌《みそ》汁、お漬物です。野菜は農家の手伝いをして、もらっていました。毎日ありあわせのものでしたけれど、大根の皮もニンジンの皮も、無駄にしたことがありません。命をまるごと、大切にいただく。その気持ちが大事なのです。

家でつくるのがむずかしいときや、友人たちと楽しく語らいたいときは、もちろん外食をじょうずに利用していいと思います。私自身、おいしいお店で大好きな友人や家族といっしょに食事をとるのが大好きです。ステーキだって食べます。ただ、自分がきちんと食べきれる量を注文し、残さないこと。そして、自分の体に負担がかからないような時間に、食事をとることが大事だと思います。

このように食べものを大事にするということは、自分自身を大事にするということにつながります。

きちんと食事をしていれば、体も健康に保てます。髪のツヤ、肌のツヤも失われません。そして、自分自身の「美しい存在のしかた」もわかりますから、自信も出てきます。

自信が出てくると、他人とじょうずに接することができます。そして、他人が困っているときは、救いの手を差し伸べる。他人に何か頼まれたときは、喜んで引き受ける。そういった心の余裕も出てくるので、人間関係も円滑にまわるようになり、人生がいい方向に動き出すのです。

つい先日、若い人が行列をつくるお店に行き、ひとりで並んで入ってみました。驚いたのは、隣のテーブルの女性二人組が、食べものがテーブルに運ばれるやいなや写真を撮りまくり、大騒ぎしたあと、ほとんどの食事を残して去っていったのです。怒りと悲しみがふつふつとわいてしかたありませんでした。

ふだん、仕事や家事、子育てに追われていると、どうしても私たちはいろいろなものを粗末にしがちです。そして、ひとつのほころびから、いろいろなものを失ってしまうことがあります。それをしないためには、結局は日々の暮らしを大事にするという原点に立ち戻るしかありません。

その原点が、「食べものを粗末にしない」ということ。ここをまずきっちり行えば、あとはすべてついてきます。

日々の暮らしの中で見失いがちなことですが、大事なことだと思っています。

すること

日々の暮らしに感謝する

私たちは毎日、動物や植物の
「命」をいただいて、
そのおかげで
「命」をつないでいるのです。

日本にはいま、食べものがあふれかえっています。おいしいと思わなかったら捨てる。食べきれなかったら捨てる。そんなことがあたりまえの世の中です。

でも、忘れないでください。私たちが肉や魚を食べるということは、その肉や魚の命をいただくということです。私たちが野菜を食べるということは、野菜という植物の命をいただくということなのです。**人間は生きものの命をいただいて、命をつないでいます。そのことへの感謝を忘れてはならないのです。**

私にはやるせない思い出があります。昭和一九年（一九四四年）、私がまだ山形に疎開する前のことです。私は当時小学四年生。通っている小学校のプールにはなぜかアヒルが二羽泳いでいました。私たち子どもは休み時間になるとアヒルを眺めに行くのが楽しくてたまりませんでした。無邪気に水をかくアヒルの姿は、どこか心の救いであったのかもしれません。アヒルは学校中の人気者でした。

その頃、東京の街の中はすでに不穏な空気が蔓延《まんえん》していました。サイレンが鳴って防空壕に避難することが多くなってきた時期。飛行機が何機も飛んできて爆弾を落としていく。その爆弾はいくつにも分かれる親子爆弾。飛行機が去ったあと、突然数十か所で火の手が上がるのです。飛行機がいつ戻ってくるかはわかりません。防空壕に逃げると、大勢の人たちが空間を詰めるようにして座っています。真っ暗でじめっとした空間の中で、私たちは飛行機が去るのをじっと待っていました。そんな日々の繰り返しです。

縁故疎開ができない子どもは全員集団疎開することになり、学校が閉鎖されました。戦火はいよいよ激しくなり、学童疎開が始まりました。

疎開する人たちを見送る日、学校でスープが配られたのです。食糧難の時代です。その頃は給食などありませんから、特別に配られたものだったのでしょう。自分が持ってきたコップの中にスープが少し入っていて、そこに小さな四角い皮のようなものが浮いていました。そのスープをみんなで飲み、学童疎開組を見送ったのです。

私はその四角い皮が何であったのか、翌日すぐにわかりました。いつもプールで水をかいていた二羽のアヒルがいなくなっていたからです。学童疎開のために親元を離れ、地方に出発していった子どもたちの寂しそうな顔が頭に浮かびました。そして、その壮行会のためにスープとなった二羽のアヒルのことを考えたら、涙がこぼれてきました。

戦争はふつうの暮らしを破壊します。もし戦争のない世の中であったならば、子どもたちの心のよりどころであるアヒルが包丁でさばかれることもなかったでしょう。小学生が親元を離れて疎開をさせられることもなかったでしょう。

子どもの頃のこの経験から、私はいまも食事をいただくときには必ず「いただきます」と心をこめて手を合わせます。 そして、今日もつつがなく一日を過ごせる平和な世の中が保たれることを祈るのです。

私自身は、養母の故郷である山形県庄内町に一家で疎開しました。昭和二〇年（一九四五年）春の東京大空襲で、日本橋にあった養父の店も自宅も全焼してしまったので、私たちは戦後も山形で暮らしていました。戦後は貨幣価値も変わり、それまでにある程度の財を成していた養父も、無一文に近い状態になりました。

山形での暮らしは質素なものでした。その後養母は骨盤カリエスで寝たきり。養父はつきっきりで養母の看病をしていたので、私は学校から帰ると、近所の農家に農作業の手伝いに出ていました。お米やイモ、味噌《みそ》、野菜は分けてもらい、ワラビやゼンマイ、たき木用の木などは山に入って採りました。毎回の食事はごはんとお味噌汁とお漬物。けれど、それでも十分幸せだったと思います。

ごはんとお味噌汁を食べたら、ごはん茶碗《ぢゃわん》にお湯をそそぎ、お漬物でごはん茶碗も汁椀《しるわん》もきれいにして、最後にお漬物を食べてお湯を飲みほすのです。そして食器を棚に戻して、食事はおしまい。食器を洗うために水を余分に使うということがない、非常に合理的な暮らしでした。当時は水道もガスもない時代です。いまの時代は食器を水で洗うのはあたりまえかもしれません。でも、少しの知恵を働かせれば、生活の無駄はいくらでも省くことができるのです。

日々の暮らしがふつうに営まれることに慣れてくると、私たちはどうしても「感謝」を忘れ、「驕《おご》り」が増長してしまうように思います。

でも、私たちがいまふつうに暮らすことができるということは、けっしてあたりまえのことではないのです。戦争もなく、病気もなく毎日を迎えることができるのは、奇跡の連続であると考えたほうがいいかもしれません。

日々の暮らしに感謝をしながら、シンプルに暮らすことを心がけること。このことは、これからも多くの人に呼びかけていこうと思っています。

フルネームで生きる

まず自分の「フルネーム」を名乗る。
それは自分が自分であることの
証《あかし》なのです。

「○○さんの奥さん」「○○ちゃんのママ」「○○さんのご主人」「○○ちゃんのパパ」。日々の暮らしの中で、自分の名前ではなく、属性や略称で呼ばれることがあたりまえになっていませんか。会社でも、自分の名前ではなく、課長、部長といった肩書きだけで呼ばれることに慣れてしまってはいないでしょうか。

私は仕事やプライベートで人に会うときも、テレビや講演会でたくさんの方の前でお話しするときも、まず初めに、

「小林照子です」

と、必ずフルネームを名乗るようにしています。自分の姓名を口にすると、「自分」という存在をはっきり意識することができるからです。

生まれたとき、私は「小川照子」でした。父母の離婚で一時「藤井照子」でもありました。七歳で養女になり、「花形照子」になりました。子どもながら、自分の名前が変わったとき、とても不安に思いました。

「小川照子」として生きてきた自分を、ここで切り離さないといけないのだろうか。「小川照子」が消えていくことがとてもこわかったのです。

養父は私の持ち物に書かれた名前「小川」の部分を、上からきれいになぞって「花形」に書き換えてくれました。それを見て、私はこう解釈しました。

「『小川照子』は消え去るのではない。いま養父が『花形』の名前を『小川』の字を生かして書いてくれたように、私は『小川照子』の上に『花形照子』の人生を積み上げていけばいいのだ」

二七歳で結婚して、「小林照子」になりました。そこからは「小林照子」の人生を積み上げてきました。五六歳まで会社勤めをしていましたから、仕事関係の方に役職で呼ばれることもありました。でも、役職だけで呼ばれると、やはり違和感があるのです。

娘の学校関係では「ひろ美ちゃんのおかあさん」と呼ばれることもありました。呼ばれるたびに、「私には『小林照子』という名前があるのですが……」という気持ちになったものです。でも、心の中でそういうふうに思っていた母親は、じつは結構多かったのではないでしょうか。

いまでもそうだと思うのですが、子どもが小さいときは、母親同士は子ども主体でおつきあいをするので、子どもの名前が前面に出ます。おたがいにまず覚えないといけないのは子どもの名前なので、「○○ちゃんのおかあさん」という言い方は便利といえば便利です。でも、やはり「自分の芯」の部分では、いつもフルネームの自分をきっちり持っていたほうがいいと思います。そうしないと、いつのまにやら「自分」という人間が曖昧《あいまい》になってしまうからです。

所属する組織のため、家族のために生きることも大事なことです。でも、組織の肩書きに頼ったり、苗字《みょうじ》、子どもの名前の陰に隠れたりしてしまうのではなく、つねに「自分」を意識することを忘れないようにしましょう。

肩書きなどは、自分ひとりだけに与えられるものではありません。退職をしたら、忘れ去られていくものでもあります。でも、「フルネームの自分」は、ほかの誰とも代えることのできない、唯一無二の存在です。

フルネームで生きるということは、その「フルネームの自分」の人生を引き受けて、生きるということ。どんな人生地図を描いていこうと、それはすべて自分の責任なのです。その重みを心にキュッと意識しながら、自分の名前を名乗るようにしたいものです。

それを続けていくと、歳《とし》をとっても、人生がぶれたりしません。たとえ会社を定年退職し、会社の肩書きがなくなったとしても、「自分は自分」でありつづけるのですから。

長く生きていくうえでは、「フルネームの自分」が一番大切なのです。

軌道修正する

よくないことが起きたときは、
人生がよい方向に変わるために
大きな力が働いたと考えなさい。

二〇歳の頃、占い師に手相を見てもらったら、こう言われました。

「あなたはとても強運の人です。三〇歳からは、ピースの水準を行きますよ」

ピースは、当時の煙草《たばこ》の中ではトップの人気を誇る銘柄でした。私は三〇歳から人生が開けていくんだ。三〇歳の誕生日をどれだけわくわくして迎えたことか。

ところが実際には三〇歳になって数日後に、私は大きな自動車事故に巻き込まれてしまいました。

それは、娘が一歳になる直前、一か月間、香港出張に行くことになったときのこと。異動が決まり、五年近く在籍した部署の最後の仕事だったので、娘は私の生みの親に預かってもらうことにしました。

忘れもしない、三月三日。ひな祭りの日のことです。私は夫が運転する車で羽田空港に向かいました。私は娘を抱っこして助手席に、そして後部座席に母と妹が。私は何気なく通り過ぎていく風景を眺めていました。しかし突然、バーンという衝撃とともに私たちが乗っていた車は半分に潰れたのです。免許をとりたての一八歳の青年が運転するトラックが、信号のない交差点で運転を誤り、私たちの車を横から押し潰すかたちでぶつかってきて、夫は肋骨《ろっこつ》が五本折れて肺に突き刺さり、妹は骨盤に脚がめり込む重傷。私は娘をかばおうと覆いかぶさり、全治三週間の打撲。母は軽傷で、娘が唯一無傷でした。私は必死でタクシーをとめ、母と妹を病院に連れていってもらいました。夫はそのときすでに意識を失っていましたから、もう一台タクシーをとめ、別の病院に運びました。

同じ時期に私の養父も倒れて入院し、そのとき危篤状態。その日から夫、妹、養父のため、三つの病院を行き来し、私は看病に専念しました。もちろん携帯電話などない時代ですから、容態を案じながら、娘を背負ってかけずりまわる日々。そしてその結果、私の人生はここから急浮上したのです。

私はそれまで、かなりの無理をしていました。夫は新しい事業を始めたばかり。夫のもとで働く人たちの夜食弁当をつくりつづける日々でした。そして、自分の勤め先では責任ある仕事をどんどんまかされていました。そこに子育てもあり、私の体は悲鳴をあげていたのかもしれません。私はそのときは気づいていなかったのですが、肺浸潤（肺結核の初期）になっていたようです。いつも微熱がありました。

でも、自分のことなどかまってはいられない。「私はこのままだと死ぬかもしれない」と思うくらい、大変な日々が続いていました。そこに歯止めをかけてくれたのが、この事故であったように思います。事故は私の人生の中でも最大の苦しみでした。しかし、この事故がきっかけとなって、私も夫も人生をリセットする冷静な時間を持つことができたのです。私の人生にとってV字回復ともいうべき出来事でした。

人生には予想もしないようなことが起こります。でも、それは、自分にとって何の意味もないことが起きたわけではないのです。悪いことが起きても、そこで泣きわめいたり、取り乱したりしないこと。その「悪いこと」はあなたに何かを学ばせるために起きたことなのです。

あなたは、そのあとの人生をどう軌道修正していくかが試されていると思ったほうがいい。人生がよい方向に変わるために大きな力が働いた。そう思えば、気持ちは多少なりともラクになります。

事故をきっかけに私は、仕事への全力投球を始めました。子育ても必死でしたが、家事で手を抜けることは全部手を抜きました。中途半端に全部がんばることを、一切やめたのです。これが私のスタイル。そう胸を張れるようになったところから、人生は一気に開けるものなのかもしれませんね。

笑顔でいる

歳をとればとるほど、
笑顔は大事。笑うと
「モテ期」がやってきます。

怒ってもいないのに、「怒っているの？」と聞かれたことはありませんか？

私は四〇代の頃、鏡に映った自分の不機嫌そうな顔にびっくりしたことがあります。口角が下がって、不満そうな顔。疲れやストレスを内面に抱えていそうな顔に見えて、気持ちが萎《な》えました。

人間の顔は加齢とともに、下に向かってたるんできます。瞼《まぶた》も垂れ下がってきますし、口元も下がって「への字口」になってきます。そうすると自分ではふつうにふるまっているつもりでも、周囲からは無表情でこわい人、あるいは訳知り顔で近寄りがたい人に見えてしまうものです。自分から人を遠ざけてしまうのは、自分の可能性を小さくすることと同じです。

不機嫌顔を改善するには、顔の表情筋を意識して鍛えることです。一番簡単なのは口角をいつもキュッと上に上げた表情でいること。「い」を発音してみてください。口の両脇が上に上がるでしょう。これを繰り返すだけでも口元の口輪筋が鍛えられ、笑顔の癖がつきます。

じつは年齢とともに皮膚がゆるんできてからのほうが、表情筋の活躍の効果はわかりやすいもの。若くてハリのある肌の時代は、たとえ表情が乏しくても、それだけで美しいと周囲を納得させられるかもしれません。**でも、年齢を重ねてくると、人は表情の豊かさが魅力になってくるものなのです。**一日一回は鏡の前で口角を意識する練習をしてみましょう。

そして、どんなに忙しくても、「笑いのネタ」を大事にすることです。笑顔で楽しく生きている人間のまわりには、やはり笑顔で楽しく生きている人間が集まるようです。

私自身、若い頃はプライドもあって、自分自身を笑いのネタにすることはなかなかできませんでした。**でもね、八〇を過ぎると過去の恥ずかしい出来事もつらかった出来事も、すべて笑いのネタに置き換えられるようになるのです。**

いまさら心に鎧《よろい》をかぶせる必要もありませんし、おもしろおかしい話でまわりが盛り上がるほうが、自分の気分も上がるからです。あのときはものすごく苦労した。そんな話も全部笑って話せるようになったら、私には八〇代のモテ期が到来したようです。下は一〇代から上は九〇代まで、文字通り老若男女問わず、またまた友人が増えました。

先日、倉敷に出かけたとき、スマホで写真を撮ってもらいました。秋でしたがまだ暑い時期だったので、私は淡いベージュのふんわりした帽子をかぶっていました。自分ではおしゃれをしていたつもりだったのですよ。けれど、その写真の自分を見た瞬間、自分でもおかしかったのでツイッターにこう投稿しました（もちろん写真といっしょです）。

「写ってはいませんが、画面左手の二階にあるピザ屋さんの窓から、生地が飛んできて頭に当たった瞬間です！」

またまた私のまわりは爆笑の渦。気分がスッとしました。

よく、「八二歳でもそんなに元気に働きつづけられるのは、何か特別な健康法をやっているのですか」と聞かれます。**私は健康のために何かをがまんしたり、努力をしたりなんてことは一切ありません。**

ただ強いて言うならば毎日を、笑顔で満たしています。それが結果として、健康な体の維持に結びついているのでしょう。

心をこめて叱る

見せかけのやさしさはいらない。
叱るべきときは叱るのが
ほんとうの思いやりです。

娘がまだやっと言葉を話せるようになった頃のことです。悪いことをしたので、私は娘に言いました。

「謝りなさい。悪いことをしたら、ちゃんと謝るの」

娘は、顔を真っ赤にして謝りません。

「もう一回だけ言いますよ。悪いことをしたら、ちゃんと謝るの」

娘は、私の顔をじっと見て言いました。

「じぶんがわるかったぁ」

私は思わず吹き出してしまいました。その頃毎晩読み聞かせをしていたのは、イソップ童話集。その本の中に、悪いことをしたキツネが、最後に反省して、自分が悪かったあと謝る話があるのです。私に叱られて娘が初めて口にした謝罪の言葉は、そのキツネのまね。それはいつもの私の声色のキツネのセリフでした。

「叱りたくて、叱ったんじゃないのよ。でも、悪いことをしたときに『ごめんなさい』ってきちんと言える子に育ってほしいし、それをあなたに言えるのは私しかいないから、叱ったんだからね」

と私が説明すると、娘は黙ってうなずきました。

その後、私は子どもを叱るのは「人の悪口を始めたとき」「人に迷惑をかけたとき」「人を差別したとき」「動物をいじめた（自分よりも明らかに弱いものをいじめた）とき」だけ、と決めました。とくにお友だちの悪口や愚痴のようなことを言いはじめたときには、すぐに、「だめよ！　言いつけはナシ！」と叱っていました。

ふだん家にいないで働きに行っている母親なのだから、家でいっしょにいるときは、何でも娘のしたいようにさせてあげればいいのに、と思う方もいるかもしれません。でも、どんな人にも、いいところがあります。だから、その人のいいところを見つけて、いいところを口にしたほうがいい。そんなプラスの視点を持ったほうが、人生はプラスに回転するものなのですから。それを娘にきちんと伝えていきたかったので、私は叱るべきときには、叱ることを選んでいました。

いま、あまり子どもを叱らない親が増えていると聞きます。子どもの気持ちを傷つけたらかわいそうだから、と。でも、長い目で見たら、言うべきことは言い、きちんとした人間にしつけていくほうが、のちのちその子の人生を傷つけないですむ場合もあります。

ほんとうの意味での愛は、どちらなのか、考えることが大切です。

大人になると、叱ってくれる人はどんどん少なくなります。叱ることで相手に恨まれても困りますし、他人にそこまでのエネルギーをかける余裕もなくなってくるからです。**でも、ほんとうに大事な仲間や、いつまでもいっしょに歳を重ねて生きていきたい仲間が何かをはき違えた態度をとっていたり、あるいは暴言を吐いていたりするときなどは、きちんと諭してあげるべきです。**

もう二〇年以上のおつきあいになる、昭和女子大学理事長・総長の坂東眞理子さんが、二〇〇三年に埼玉県知事に立候補し、落選したことがありました。人生初の挫折があまりにもショックだったのでしょう。坂東さんはただ申し訳ないと泣いてばかりいました。私は傷つけてはいけないと思い、

「動物は傷ついたときに、穴に入ってひっそりしているものよ。いまはしっかり気力を養ってね」

とメッセージを送りました。でも、坂東さんはおろおろして涙をこぼすばかり。

すると、作詞家の湯川れい子さんが坂東さんを叱りました。

「あなたを囲む多くの仲間たちが支援してきたのよ。人が一生懸命応援してきたことに対して、自分だけ泣いている場合ではないでしょう?」

と、はっきりした口調で友情を示したのです。その後、坂東さんはものの見事に強さを取り戻し、三年後に『女性の品格』(PHP新書)という大ベストセラーの書籍を生み出しました。

ほんとうの友情、ほんとうの愛情というものには、見せかけのやさしさはいらないのです。大人になっても、大事な人は「心をこめて」叱ってあげる。そうすることで、心のつながりは、より強固なものに育てていけると思います。

非があるときは謝る

謝るべきときは、謝る。
ただし、自分の信念を守るべきときは
けっして頭を下げてはなりません。

昔から言われていることですが、やはりあいさつは大事です。あいさつがきちんとできない人はたとえどんなに仕事ができる人でも、手を差しのべてくれる人が少なくなります。あいさつができないということで、その人の品格が問われるからでしょう。

数多くのあいさつの中でも、「ありがとうございます」という言葉と「ごめんなさい」という言葉が一番大事です。

感謝と謝罪。「謝」という漢字が入っているこの二つの言葉は、誠意をこめて言わなければいけません。それができるのとできないのとでは、人の印象が全然違うからです。

でも、年齢や立場が上になればなるほど、「ごめんなさい」がじょうずに言えなくなる人が増えていくようです。年齢や立場が上になり、プライドも高くなると、人に頭を下げるということが決まり悪く思えるからでしょうか。

けれど、何かミスをしたり、何か他人に迷惑をかけたりしたときは、間をおかずにきちんと謝罪するべきです。自分自身のミスではなく、部下や、あるいは子どもや孫のミスであっても、謝るべきときは謝る。部下の統括責任者として、子どもや孫の教育責任者として頭を下げるのは、当然です。

一番まずい謝罪のしかたは、謝ったあとに相手に何か言われて言い返すこと。

「でも、私だってけっしてそんなつもりではなかったんです」

「だって、そうはおっしゃいますけれど、しかたがないじゃないですか」

仕事の場でこういう言葉を口にする人を、私はいままで何人も見てきましたが、そういう人は結局その仕事をはずれざるを得なくなります。言い返したり、言い訳をしたりするということは、自分の本心で謝罪していない証拠。これですべては台無しです。相手には、謝罪の言葉は「とりあえず口にしてみた」嘘と認識されてしまうのです。嘘をついたら、人間は信用されなくなります。

私は謝るときは、まず相手の目を見てから深く頭を下げます。それが礼儀だと思うからです。これは家族に対してもいっしょです。身近な人間であっても、こちらに非があるときは、謝罪します。身近な相手だからこそ、心のつながりを大事にしていきたいのです。

逆に、人生においては、絶対に頭を下げてはならないときもあります。それは覚悟を持って、自分の信念を貫き通すときです。

私は会社員時代に一度だけ、人に頭を下げなかったことがあります。それは会議の席でのこと。私が長年信念を持ってやってきたことを、とある方に全面否定されたので、私は私なりの考えで反論をしました。するとその方は、よもや女性である私から反論などというものが出ること自体、想定外だったのでしょう。その会議では一番偉い立場の人だったので、激高され、私の直属の上司を怒鳴りつけ、私の上司に頭を下げさせました。

私はその会議のあと、私の上司には謝罪をしました。「頭を下げさせるようなことをしてしまって、申し訳ありません」と。でも、私の上司を怒鳴りつけた方には、ひと言も謝罪しませんでした。

手を抜いたり、ミスをしたり、あるいは人様にご迷惑をおかけしたり。何かしらこちらに非があるならば、謝罪するべきでしょう。でも、自分の信念を適当に捻《ね》じ曲げ、その場をなんとなく丸くおさめるために頭を下げてはいけません。

それこそが、人としての品格が問われる行為です。

いま振り返ってみれば、私にも「自分の信念を伝える努力」が足りなかったのかもしれません。相手の方の感情がたかぶっているのであれば、こちらは一歩下がって、相手に自分の考えていることが明確に伝わるように努力するべきだったのかもしれません。いろいろな後悔もあるのですが、**やはりここ一番のときに「安い謝罪」をしたという事実は残してはならないと思います。**

人はひとりで生きているわけではありません。

それまでの自分を信じて、自分に力を貸してくれた人、それまでの自分を信じて、自分についてきてくれた人がたくさんいるのです。「安い謝罪」は、その方たちを裏切ることにもなるのだということを、心にとめておきましょう。

変わる

人生は変えられます。
六〇歳からでも
七〇歳からでも
新しい扉を開くことはできるのです。

五九歳のときに、美容の勉強を始めた方がいました。その方は、働いた経験はほぼゼロ。結婚してからずっと主婦だったそうです。ご主人を亡くされて、長いあいだふさぎ込んでいたのですが、一念発起して私の美容スクールに通いはじめました。

コースを修了し、彼女がプロの美容家になったのは六一歳のとき。初めて会ったときは、寂しそうな顔の女性でした。けれど勉強を始め、プロとしての道を歩みはじめた彼女は、みるみるうちに自信に満ちあふれた輝かしい女性になっていきました。

その方は六九歳で亡くなられました。私のところに初めていらしたとき、気管支の病ですでに余命いくばくもないと医師に言われていたと、息子さんにあとから聞きました。私のアドバイスで眉の描き方を変えたら、人生が明るい方向に変わったととても喜んでいたそうです。そして、メイクの勉強に目覚め、プロとしての仕事ができるまでに成長し、寿命も一〇年伸ばした彼女。本人も私も、彼女の病状を知らなかったからこそ、厳しいプロへの時間を共有できたのだと思います。お通夜の席で私は彼女に、心の中で「がんばりましたね」と声をかけました。

人は新しいことを始めるときには、大きなエネルギーを必要とするものです。年齢を重ねれば、その傾向はいっそう強まります。年齢とともに体力も落ちてきますし、生活資金の確保もしておかないといけませんから、いざ行動を起こそうとしても、なかなか前に進まなかったりします。

人は自分がそれまで慣れ親しんできたことをちょっと変えるだけでも、抵抗感を感じるものです。たとえばメイクを変える、ファッションを変える。たしかに変えたほうがいいかもしれないと頭の中ではわかっていても、実際にはなかなか行動に移せないものです。

でも、その一歩を踏み出すだけで、人生は大きく変わります。自分自身がほんとうに自分を変えたいと「自分革命」を起こすからです。

最初は小さな一歩でいいのです。

五九歳で美容の勉強を始めた彼女のように、眉毛を少し変えてみるだけでもかまいません。眉毛を変えるだけで、顔の印象は変わります。そして、寂しい表情から明るい表情に変わると、自分のところにはつらい話ではなく明るい話が集まるようになります。明るい話が集まるようになると、自分自身も明るく前向きになり、自分で人生をどんどん変革していく力が生まれるのです。そしてその力は、ときに生きる力を、奇蹟《きせき》を生むこともあるのです。

大人になると知恵がつき、防衛本能も働きます。

挫折を経験するリスクもある。何か勉強を始めても、何の役にも立たないかもしれない。では、やめておこうかと、自分を守ることに心は動きがちです。

でも、挫折する可能性もあれば、その新たな道で成功する可能性もあるのです。どちらの可能性もゼロではない。ならば、「自分革命」をみずから始動することをおすすめします。

長い人生です。

口にしてはいけないのは「いまさら」。

口にしたいのは「いまから」。

いまから、少しずつ。

目に見えて大きく人生が変わらなくても、いいではありませんか。すばらしいのは、「変わる」という意識を持って生きていることなのですから。

「昨日」と同じ「今日」を生きない。

その意識を持っていることが、大切なのです。

人生は変えられます。

六〇歳からでも。

七〇歳からでも。

人はいくつになっても、その気になれば必ず新しい扉は開かれるのです。

その意識は必ず、やがては人生を動かす大きなエネルギーとなります。毎日の小さな「自分革命」を大切にしていきましょう。

新しいものを取り入れる

文明の利器を使うのに
年齢なんて関係ない。
ほんの少しの勇気で
新しい世界が広がります。

年齢とともに、人間はなかなか新しいことに振り向かなくなるものです。別に生活に取り入れなくても支障のないものには、あえて手を出さなくてもいい。そういう気持ちが自然と働いてしまうのでしょう。

私はもともと強烈なアナログ人間です。機械の操作はけっして得意ではありません。若い頃も、そんなに新しいものに興味はなかったのですが、子育てが始まってからはそんなことを言っていられなくなってしまいました。

仕事と子育てで毎日毎日が綱渡り。とにかく自分が家事にかける時間は短縮したい。そのためには最新の家電に頼らざるを得ませんでした。全自動洗濯機、布団乾燥機、電子レンジ。役に立つものはすべて購入し、フル活用しました。

一度新しいものアレルギーを乗り越えると、今度はどんどん新しいものを使いこなす楽しさがわかってきます。携帯電話やパソコンが急速な勢いで世の中に浸透してきたのは、一九九〇年代後半頃だったでしょうか。私は当時六〇歳を過ぎていましたが、すぐに活用するようになりました。

世の中のＩＴ化で、仕事の効率は非常に上がったように思います。**若い頃より**

も八〇代のいまのほうがたくさんの仕事をこなしているように思います。スマホやタブレットも、私は娘や孫や美容の通信制高校の生徒たちに教えてもらって、どんどん使いこなしています。

世の中で流行《はや》るものには、やはり流行る理由があるのです。そして、廃れていくものにもやはり、廃れていく理由があります。時代はどんどん変わります。「新しいことを覚えるのは面倒くさい」などと言わず、新しいものを使いこなして、その時代ならではの「盛り上がり」に参加してみましょう。

じつを言うと私は、フェイスブックもツイッターもインスタグラムも、全部やっています。自分で投稿していくのは大好きです。八二歳という高齢者なりの、とぼけたツイートをしています。一日の出来事をフェイスブックにアップしていくのは、日記がわりにもなるので、これも高齢の方にこそ、おすすめしたいと思います。

知人たちの投稿をチェックするのも楽しみにしています。そして、メッセンジャー（メッセージを送信するスマホのアプリ）で昔の教え子たちとやりとりしたり、海外にいる知人と近況のやりとりをしたり。即時、会話のやりとりができるというのは、なんて便利で楽しいことでしょう。ＳＮＳがここまで世の中に浸透してくるとは、ちょっと前までは誰も想像できなかったことだと思います。でも、ここまで利用者が増えてくると、これはこれで仕事にもプライベートにも役に立つ大事なコミュニケーションツールです。

「別になくても困らない」「もういまさら必要ない」「面倒だから」

すすめると、強くそう言う人がいますが、ほんとうにそうでしょうか。ほんとうは新しいことに取り組むことが少しこわいのかもしれません。

可能性を開くのは自分です。文明の利器を使うのに年齢なんて関係ありません。手を伸ばせばすぐそばに未知なる大きな楽しみが待っているのです。

若い世代に迎合するようで、ちょっと尻込みする気持ちもわかります。でも、少し勇気を持って始めるだけで、新しい世界が一挙に広がります。

一瞬一瞬が、楽しい。毎日毎日が、楽しい。

長生きの秘訣《ひけつ》です。

若い人に学ぶ

自分が知らない世界を
教えてくれる人は
年下であっても、
大事な「先生」なのです。

私は平成一八年（二〇〇六年）から、二四時間テレビショッピングの「ショップチャンネル」に出演しています。スタジオからの生放送で、私が開発した化粧品を直接紹介して、販売しています。

私は六〇年以上、美容の仕事をしてきました。もちろん、テレビにも仕事で何度も出演させていただいた経験があります。しかし、初めてショップチャンネルに出演したときには、キャストと呼ばれる進行役の人のあまりにもハイテンションなトークについていくことができませんでした。「はい」「そうですね」と、相《あい》槌《づち》を打っているうちに番組は終わってしまいました。話題を振られても、答えようとしているうちに次の話題が始まってしまうので、どうしたらいいか、わからなくなってしまったのです。

番組終了後、私は若いバイヤーの女性に大目玉をくらいました。

「小林さん。時間内にきちんと製品の説明ができないのでしたら、出演の意味がないですよ！　もっとトークの練習をしましょうよ！」

私はこのとき七〇歳。相手の方はたぶん、三〇代でしょう。私はとても落ち込みました。自分のだめさ加減も恥ずかしかったのですが、七〇歳を過ぎてよもや人前で怒られるとは、思ってもいなかったのです。

しかし、その半面、とても新鮮な気持ちにもなりました。美容の世界では長いあいだ、教える側で生きてきた人間ですが、テレビショッピングの世界では新米です。バイヤーの方たちは大きな予算を持って仕事をきちんとこなしている人たちです。お若い方であっても、この世界では私の大先輩。こちらが知らないことを教えてくださるのですから、ありがたいかぎりです。

仕事でもプライベートでも、私たちはいろいろな世代の人たちと接して生きています。時には自分よりも年若き人に、自分のミスを指摘されたり、指導を受けたりすることも、さまざまなシーンであると思います。

しかし、そこで腹を立てて、相手を生意気だなどと思わないことです。わざわざ言ってくれているということに、まずは感謝するべきことなのです。その方に「何か言って、言い返してきたりするといやだな」という気持ちがあれば、ふつうは何も言ってくれないことがほとんどなのですから。

それに、たとえその方が非常にお若い方であったとしても、やはりこちらが精通していない世界では、相手の方は「先生」です。教えてくださる方のおっしゃることは、素直に受けとめたいと思います。

こちらが素直な態度で反省すれば、相手の方はさらにいろいろと教えてくださいます。ここで学ばない手はありません。

歳をとると、ついつい「こちらのほうが年長者」という驕《おご》りで、謙虚な態度を忘れがちです。

でも、いくつになっても、礼儀は礼儀。長く生きてきたからといって、傲慢な態度をとることだけは、慎みたいものです。

働きつづける

長い人生を
充実させて生きたいなら、
できるだけ長く
働きつづけることです。

ある若手社員の言葉に違和感を覚えたことがあります。

「今日は、こんなお手伝いができてよかった」

「明日もお手伝いをがんばります」

ちょっと待って。お金をもらって働きながら、「お手伝い」はまずいんじゃない？　あなたが正社員ではなく派遣社員でも、アルバイトでも、働いてお金をもらうからには、どんな仕事に対してもプロ意識を持たなくては。

私は「お手伝い」で結構です。そういう意識では、周囲の信用を得ることはできません。周囲にもきっと迷惑がかかってしまうでしょう。大切なのは、緊張感と責任感。何があっても休まず、予定通りに物事を進めて、やり遂げる。それが仕事であり、働くということなのです。**嵐が来たから今日はお休みします、できません、なんて論外。雨にも負け、風にも負けるような人間ではだめなのです。**

これだけは誰にも負けない。そういう技術や知識がひとつあるだけでもいい。それをとことん伸ばしていく努力をすれば、いま何歳だとしてもその分野における第一人者になれるでしょう。働いていると、思い通りにならないことや、理不尽な目にあうこともたくさんあります。でも、それでも放り出さずにやり遂げたときに、**必ず**大きな喜びが得られます。

若い頃からずっとがんばってきた人たちは、ある程度の年齢になると、「これからはもっとゆっくりしよう」というフレーズを口にすることが多いですね。定年退職したら一年くらい休んで、そのあと何か仕事をしようかな、と考えている人も結構多いかもしれません。

でも、何もしないで一年も過ごすのは、とてももったいないことだと思います。定年後に休みを長くとったら、体はやはりそのリズムに慣れてしまいます。いったん仕事を離れた人がゆるやかな生活を振りきって仕事を再開するということは、なかなかできることではありません。思っている以上にむずかしいのです。

私がなぜ八二歳になっても毎日、元気に働きつづけることができているかというと、七〇歳を超えても八〇歳を超えても、長い休みをとらなかったからです。

もし私がいま、三か月も休暇をとったら、あっという間にボケてしまう自信があります。

毎日がお休みというのは、初めのうちはいいかもしれません。でも、出会いや刺激がないと、すぐに飽きてしまうことでしょう。人はお金や時間をどんなにたくさん持っていたとしても、友だちや仲間がいないと、人生がつまらなくなってしまうのです。

男女雇用機会均等法の生みの親、赤松良子さんからうかがった、多《た》湖《ご》輝《あきら》さんの名言があります。

「歳をとったら、『きょうよう』と『きょういく』が大事だ」

これ、「教養」と「教育」だと思うでしょう？　いえいえ、違います。歳をとったら、「今日用がある」と「今日行くところがある」ことが大事ということ。

社会に参加する用事がないと、とくに男性は家に引きこもり、自分の殻の中にどんどん閉じこもってしまうものです。そうならないようにするには、なるべく間をあけずに、働きつづけること。

人生は長いのです。べつに仕事でなくてもかまいません。何か人の役に立つライフワークをこつこつ続けていきましょう。

未来の設計図を描く

いくつになっても、
「これから先」の人生を
どう展開したいのか、考える。
すると、**心**にハリができるのです。

人生って、どんどん上り坂で生きていきたいですよね。老後も上り調子のまま、というのが私の夢です（私の場合、いつからが老後になるのかわかりませんが）。でも、それにはやはり準備というものが必要です。

四〇歳になる直前、私は「アメリカ一人旅」に出かけました。ロサンゼルスからニューヨークまで四泊五日のアムトラック（全米を走る旅客鉄道）の旅。その当時は仕事と家庭のことで手いっぱい。少し日常から離れて、自分の今後の生き方についてひとりで考えてみたかったのです。

誰であれ、人には必ず「迷うとき」があると思います。何の波風もなく仕事が順調にいっていても、このままでいいのか、自分がほんとうにやりたいことは何なのか、迷う。そんなときには一回、自分がそれまで経験してきたことを思い出し、その意味を考えてみるといいでしょう。

そもそも自分はなぜその道を選んだのか？

そのきっかけをつくってくれたのは誰であったか？

何に魂を鼓舞されたのか？

さかのぼれば、自分は何のために生まれてきたのか？

過去を振り返るためにするのではありません。それらがいまの自分の現実にどうかかわり、自分がその先の人生をどう展開していきたいのか冷静に考えるためです。

アムトラックの車中では考えをまとめきれませんでしたが、私はニューヨークでのちの大親友となる女性と偶然出会いました。私は彼女から質問攻めにあいました。

「あなたは何をしている人？」

「これから何がやりたいの？」

「あなたはいまとても恵まれているじゃないの。でも何歳までに、その夢を実現するつもりでいるの？」

そんな質問に答えているうちに、私の未来の生き方が、全部クリアになったのです。

その当時の私の夢は、四五歳で会社から独立し、メイクアップアーティストや美容のプロを育てる学校をつくることでした。ひとりで何日考えてもおぼろげだった私の夢は、彼女との言葉のやりとりによって、まるで建造物の設計図のように構築されたのです。そして、そのときの設計図のほとんどはおまけつきで実現しているのですから、不思議なものです。

いまの時代は六〇歳、あるいは六五歳で会社を定年退職しても、まだまだその先の人生が続きます。「人生一〇〇年時代」と言う人もいるほどですから、未来設計図は定年間際などではなく、四〇代、五〇代のうちから具体的に描いておいたほうがいいと思います。経験を生かして、またスキルアップしたプロになって働く。それこそいまの若い人たちなら三段階くらい、この繰り返しで坂を上っていけるのではないかしら。

「会社を勤め上げたら、この先は老後」みたいな考え方はもう捨てなくてはいけない時代なのです。

「私はいままで大会社の部長をやっていました」という言葉が私たちの人生を支えてくれるのは、ほんの一瞬のことです。なぜかというと、仕事をしていくうえで一番大事なのはスキルだからです。私は何ができる人なのか、が一番ものを言うのです。

自分の未来設計図を明確に持つと、いまの自分が努力するべきことが見えてきます。

そうすると、心のハリもまったく変わってきますよ。いくつになっても「これから先」しか見ない。そんな生き方でもいいではないですか。

緩急をつける

全部に全力投球する必要はありません。
どこかで
「手を抜く」「気を抜く」「息を抜く」
くらいでちょうどいいのです。

こんなことを言うと、「お片づけの専門家でもないのに」とお叱りを受けてしまうかもしれません。

でも、ごめんなさい。家の中がいつもきれいに片づいていなくても、私は別にいいのではないかなと思っています。

前述したように私は二七歳で結婚し、二九歳で娘を出産しました。そして三〇歳のときに自動車事故を経験。しかし、何があろうとも仕事は続けていこうと思っていたので、家事に関して手を抜けることは徹底的に抜きました。

自分にとって一番大切なのは、子どものこと。私がここで手を抜いたら子どもが死んでしまう。そのレベルのものにだけ、手をかけました。**洗濯物がたまっていても死にはしない。家の中が散らかっていても死にはしない。**大丈夫。そんな勢いで生きてきたので、私はお客様の肌をきれいにすることはできても、部屋をきれいにすることはあまり得意ではありません。

私の会社のデスクの上は圧巻です。うずたかく積まれた資料の山となっています。でも、どういうわけか、どこに何があるのかは、きちんと把握しているのです。

私は過去の仕事の資料なども、大事なものは全部とってあります。過去に自分の署名で書いた文章の載っている冊子などはきちんとファイリングして、机まわりの棚に収納しています。最近はパソコンの中に保存できるので少し変わってきましたが、それでも膨大な数。これも、どこに何があるのかはすべて頭の中に入っています。

「とりあえずの見た目」を美しくする必要はないように思います。大事なことは、まず自分の頭の中が片づいているかどうかということ。頭の中で、「何はどこに収納」「何は非常によく使う資料だから、机の右側に積み上げる」というふうに、自分ルールを決め、自分が一番快適に作業できるように空間をつくればいいと思います。

「快適に」ということはほんとうに大切なことです。

メイクアップのお仕事をするときは、私はまず初めに道具類をきれいに並べます。自分が最高の仕事ができる環境を最初につくり上げてしまうのです。そしてそのお仕事が終わったら、塵《ちり》ひとつ落ちていないように片づける。人を美しくするお仕事を終えた場所ですから、その場所も美しい状態に戻して、その場を去りたいからです。

二四時間、自分の居場所をすべてきれいにすることができればたしかに理想的かもしれません。

でも、それができないからといって、自分はだめだとか、人間失格だとか思う必要はありません。自分にとって一番神聖な場所だけは徹底的にきれいにすればいい。私はそう思います。

「全部に全力投球」という言葉はとてもかっこいいのですが、ほんとうに全部がんばっていたのでは、身が持ちません。どこかで、「手を抜く、気を抜く、息を抜く」くらいでちょうどいいのです。

そんなゆるい考えの私ですが、自宅はいたって快適です。思い出の品があちこちに残っていて、私を幸せな気持ちにしてくれます。

残された家族に迷惑をかけないように「終活」を始めることも大事ですが、持ち物を少なくすることだけに躍起になる必要はない気がします。自分が快適に暮らせる空間を大事にしながら、中に何が入っているのかわからない場所だけは整理していく。

大人の片づけは、それくらいのリズムでいいのではないでしょうか。

すべてに気合いを入れるのではなく、何事も緩急をつけることが大切です。

趣味を持つ

いくつになっても
夢中になれるものが
ある人こそ、
豊かな人生を送れるのです。

人生にとって、一番大切なことは何でしょうか。それは、「喜び」を感じるものをいつも持っていることだと私は思います。人間は何かを創造することに夢中になれる生きものです。何かをつねに創造し、新しい喜びを感じながら生きる。これが一番豊かで幸せな人生なのではないかと思っています。

仕事が単調でつまらない。家事が単調でつまらない。日々の暮らしの中ではさまざまな不満がたまってくることもあるでしょう。そんな方におすすめしたいのは、夢中になれる趣味を持つことです。子どもの頃に好きだった、プラモデルづくりをもう一度始めてみる。あるいは新しいジャンルへの挑戦を始める。将棋、囲碁、陶芸、ヨガ、何でもいいのです。

仕事や家事以外のことで何かひとつ夢中になれるものがあれば、人はつまらないことなど考えません。他人の動向が気になったり、うわさ話に耳をそばだてたり、そんなことに自分の限られた人生の時間を使うことはまずなくなります。そして、より味わい深い人生を送れるようになるのです。

私自身は、七五歳で彫刻を始めました。一回のレッスンは五時間前後ですが、飽きることなく無心に彫りつづけているあいだに、時間があっという間に過ぎてしまいます。粘土彫刻で頭像や裸婦像もつくりましたが、最近は木彫りで動物を彫っています。「ああ、いい作品ができた」と思っても、数日経ってから見直すと、もっとこうすればよかったという点がいくつも目につきます。そうすると次はどうするかという目標ができ、とても心の励みになるのです。

どんな趣味でもそうだと思いますが、自分が「楽しい！」と感じるから続くわけです。気分転換として、死ぬまで続けたいと思えるような趣味を持つことも幸せだと思いますが、趣味を本格的に突き詰めて新しい仕事にしていってもいいと思います。人生のスイッチを切り替えて、また新たな人生を創造することができるかもしれません。

五〇代に入ると、自分の人生なんてこんなもの、と投げやりになる人もいます。そして老後の人生のために無駄遣いをせず、お給料はひたすら貯金にまわすという考えの方も多いかもしれません。

でも、高いお金を払わなくてもできる趣味はたくさんあります。老後のお金に困らないことも非常に大切なことですが、生きていくうえで、自分の心を刺激するものを何も持たないのはもったいないことだと思います。**節約のために自分の未来の可能性まで小さくしてしまうのは、本末転倒だと思うのです。**

好奇心を持って、新しいことに挑戦してみましょう。

「もう歳だから、余分にお金のかかることなんて、することないよ」なんて言わないで。新しいことを学び、自分が積み重ねてきた知識と融合する楽しさを味わってみてください。新しいものを創造するのに、年齢制限などというものはないのですから。

手帳を持つ

歳をとっても手帳を持ちなさい。
なぜなら手帳は、
新しい自分を更新していくための
大事な道具だからです。

私は毎年、新しいスケジュール帳を買い替えます。革製のバインダーで、ほんとうは中の紙を買い替えればいいだけというものでも、年度が替わるごとに新しいものに切り替えています。「今年はこの色のこんな手帳を持ちたい」。手帳に関しては、自分の素直な欲求に従うことにしています。

お役目を終えた手帳はすべてとっておきます。手帳は自分の人生の縮図。この年には自分はどこに行き、どんな仕事をし、どんな人に出会い、どんな発展があったのか。手帳を見れば、すぐにわかります。過去を振り返るためにとっておくのではありません。その過去があるからこそ、現在の自分はこうやって生きている。過去そうしてきたからこそ、いまの自分はそれをこう生かしている。そういったことをきちんと覚えておきたいから、捨てずにとってあるのです。

私は昔から、ものを覚えるのが非常に苦手な人間です。ですから、手帳には細かい文字でいろいろなことを書き込みます。仕事のスケジュール、プライベートのスケジュール、次から次へと書き込んでいくので、私の手帳はすぐに真っ黒になってしまいます。

手帳でスケジュール管理をしていると、やはり安心できます。今日、次にやることはこれ。明日はここに何時。あさってはこれを片づけるというように、頭の中がきちんと整理できるからです。紙の手帳なら思い立ったときに思い立ったことをどんどん書き込むことができますし、かなり先のほうに何か用事が入っても、毎日パラパラめくるときにそこが目に入るので、忘れないですみます。

歳をとるとスケジュール帳を持たない人も多くなります。もう歳だし、とくに用事もないし、行くところもないし……と。

でも、用事というのは、自分でつくるものです。もうかなりのご高齢でお仕事をしていない方でも、おいしいものを食べに行くとか、季節のお花を見に出かけるとか、映画を観に行くとか、自分でどんどん計画して、スケジュール帳に書き込んでみてはどうでしょう。

スケジュールというものは、楽しいことを優先して入れていくのが一番です。

私の場合、もう三〇年も毎月通いつづけているお料理屋さんでの食事の予定（一年分）をまずスケジュール帳に書き込みます。そして、月二回の彫刻教室の予定も書き入れていきます。

自分が「楽しい」と思えるスケジュールをこなしていくと、必ず新たな発見があります。その新たな発見に刺激されて、人はまた新たな自分になっていくのです。手帳は、新しい自分を更新していくための大事な道具。だからこそ、いくつになっても手帳を持ち、毎日をデザインしていきたいと思うのです。

一日の終わりに、一日を振り返る。
たったそれだけで、
何でもない一日に
意味が与えられるのです。

何度も書いてしまいますが、やはり歳をとるとどうしても外に出ることが面倒になったり、人に会いに出かけたりすること自体が億劫《おっくう》になったりすることがあります。人間、そうそう、いつも元気というわけにはいかないと思います。

でも、家に閉じこもりがちになると、人というものはなかなか、その生活パターンが変えられなくなります。他人に見られるわけでもないから、身だしなみも整えない。それは一見、とてもラクなことです。しかし、その生活にはまってしまうと、老けるのも早くなってしまうような気がします。

歳をとっても人間には、ある程度のストレスが必要です。だらしない服装では許されない場所に出かけていくこと。ふだんから知識を磨いているからこそ楽しめる、美術展や演劇のステージに出かけていくこと。そうした刺激を自分にいつも与えていると、心は絶対に老けません。外に出かけると、自然に自分の体の中に、時代の空気感がしみ込んでくるからだと思います。

私は映画を観に行くのが大好きです。世界中の、新しい世代の監督たちの視点やメッセージを受けとるのが好きなのです。友人たちと勉強会や食事会もよく行います。年齢層はバラバラ、職業もバラバラ。でも、いつのまにやら集まった、気の合う仲間同士でにぎやかな時間を過ごしていると、自分ももっともっと新しいことを学んでいこう、と心が励まされます。

私が大切にしている習慣のひとつに、「寝る前に少しだけ、ひとりで考える時間を持つ」というのがあります。昼間はできるだけ活動的に過ごす。そして、**人と交わり、刺激を受けてきたら、一日の終わりにその刺激を整理するのです。**

ほんの数分でかまいません。その日学んだこと、感じたことをいろいろと思い出してみてください。**一日を振り返る。たったそれだけで、その一日はかけがえのない一日となります。何でもない一日に意味が与えられるのです。**何も思い出さないで眠ってしまうと、まるでその一日がなかったかのように日々が流れていきます。

私は夜、家族に「おやすみなさい」を言ったあと、自分の部屋でメール、メッセージを確認して返事を書いています。それが終わったら、その日の出来事をフェイスブックにアップしたり、友人たちの新規投稿も見たりして楽しみます。そうやって一日を振り返ることで、今日という日の充実感が味わえるのです。

それから静かな部屋の中で、今日も元気に生きられたことに手を合わせて感謝します。こうすると心の状態が整い、深く眠ることができるのです。

この年齢になっても、いやなこともあれば、びっくりするようなことに出くわすこともあります。それを引きずって眠りに入ると、やはり良質な睡眠はとれません。ですから、どんなにいやなことがあっても、まずは今日生きられたことに感謝する。さまざまな問題への対策は翌日になってから考えることにしています。

自分の心の状態は、自分で管理するしかありません。

毎日少しだけ「ひとり時間」を持って、心を穏やかにリセットしましょう。

眠る時間が多少短くなっても、これをやるだけで、翌朝の目覚めの爽快さが全然変わってきますよ。

「ひとり時間」は元気を保つ、最良の健康法と言えるかもしれません。

自分をかわいがる

自分を大切に扱いなさい。
自分を愛することは、
他人を愛することの練習なのです。

私は、人はまず「自分を愛すること」を覚えるべきだと思っています。自分を愛するということは、自分という人間に関心を持ち、自分を大切に扱い、自分に磨きをかけること。これはどんな人間でも持っている、本能の欲求だと思っています。

この「自己愛」はたいていの場合、思春期に芽生えます。美意識が高まり、もっとかっこいい自分になりたい、もっと自分自身を主張したい、表現したいというエネルギーがあふれ出てくるのです。そんな思春期の自己愛は、大人が頭ごなしに抑えつけるべきではありません。「他人に迷惑をかけない」ということを教えながら、伸ばしてあげるべきだと思います。

そんな思いから、私は二〇一〇年に美容に特化した通信制高校をつくりました。七五歳のときです。通信制ですから、コースによっては毎日通学する必要はありません。美容の授業も、理科や数学、社会や英語の授業もあります。でも、美容が好きな生徒たちは毎日登校したくなるようです。

この学校の授業はまず自分の個性を知り、メイクやヘアスタイル、ネイルで自分を表現することからスタートします。教育の一環として、自由に自分を表現させるのです。

髪の色も自由。制服もありません。学生たちから「ほしい」とリクエストされたので、じつはブレザーだけはあります。ただし、それをセンスよく着こなすのがルール。スクーリングなど特別なときだけ着用するルールです。

自分という人間に対して美意識を持ち、みずから美容の基本を体験しながら学ぶことで何が変わると思いますか？　生徒たちは「自分」を大切にすることを覚え、自己表現がスムーズにできるようになるのです。**自分を無理に抑えつけることをやめ、「自己愛」が満たされると、自然と他人にもやさしくなります。**自分の中の愛があふれ出て、他人にも愛が注げるようになるのでしょう。**自分を愛するということは、他人を愛することの練習なのです。**

自己愛はいくつになっても大切です。**六〇歳になっても、七〇歳になっても、自分に関心を向けて、自分をかわいがってあげてください。**歳をとるとどうしても、「自分はこれが好きだけれど、この年齢でこんな派手な色の服を着たら、他人から笑われるかもしれない」とか、「もういい歳なのにこんな激しいダンスの習い事をしたら、気持ち悪いと言われるかもしれない」と、誰が言ったわけでもないのに、勝手に自分の気持ちを束縛したりするものです。

でも、つまらない抑圧は必ず人の心に「歪《ゆが》み」をもたらすもの。もっと心を自由にしてあげてもいいのではないでしょうか。

いつも自分を自己愛で満たしている人は、他者にも大きな愛が注げます。そしてその愛を、自分が生きている社会に対しても広げていくことができるはずです。「愛の器」はどんどん大きくすることができるのです。

まずは、自分ファースト。

けっして、エゴイズムやナルシシズムに生きることをおすすめしているのではありませんよ。ただ、ほんの少しだけ、「愛の育て方」について考えながら生きることをおすすめします。

水の力を借りる

水には心身を浄化する
不思議な力があります。

私はいつも毎朝やることがあります。**今日一日を始めるときに必ず手をきれいに洗うのです。**

私の仕事は美容です。人様の大事なお顔を触らせていただいて、メイクをするのが仕事です。手をきれいに洗ったあとは化粧水でも手を拭きます。そうやって手を浄めてから仕事に入ります。私はこれを「朝のセレモニー」と呼んでいます。

日本には昔から「産霊《むすび》」の信仰があります。産霊とは、万物を生む神秘的な働きのことを言います。手のひらを包み込むように合わせて、本来あるものが外にこぼれないようにする形を「むすぶ」と表現します。古代人は手で水を掬《すく》うことを「水を掬《むす》ぶ」と言いました。私自身、長い人生の中で「水の力」を大いに活用してきたように思います。

私に最初に水の力を教えてくれたのは、疎開先の山形で近所に住んでいたおばあさんです。冬の山形の厳しい寒さで、私の顔や手足がしもやけになってしまったことがありました。

「お湯の入ったバケツと水の入ったバケツを用意して、手足を交互につけてごらん。そうするとよくなるよ」

おばあさんに教えられた通りにすると、手足がぽかぽかと温かくなり、血行がよくなっていくのがわかりました。これをしばらく続けていくうちに、手足だけでなく、顔のしもやけもきれいになりました。この体験はのちに確立した、「温冷美容」という美容法の原点になりました。

大人になってからは、考え事で頭の中がいっぱいになったときに水の力を利用しています。水を出して、水の流れる音を聞きながら、手を洗い、食器を洗う。あるいはハンカチを洗ったり、メイクに使うブラシを洗い直したりします。これをやると、気分をシャキッとリフレッシュできるのです。

そして、**心を整えたいときは、神社を参拝します。**私は神社の前は素通りしないようにしています。神社の参道脇の手水舎《ちょうずや》で、手や口を水で浄《きよ》めてから参拝します。右手で柄杓《ひしゃく》を取って左手を浄めます。次に左手で柄杓を取って右手を浄めます。そして再度右手に柄杓を持ち、左の手のひらで水を受けて口をすすぎます。そしてもう一度左手を洗い、最後に水が入った柄杓を立てるようにして柄を洗い流します。そうやって心身を浄めたあと、お参りをします。

そうすると心のよどみがきれいになり、心に新たな力がわいてくるのです。

日本古来の考え方ですが、水にはやはり、穢《けが》れを浄める不思議な力があるように思います。あわただしくて心に余裕がないときほど、水の力は絶大です。

いまやっていることで何かうまく物事が運んでいないとき、行き詰まっているとき、リセットをしたいとき。ぜひ、水の力を活用してみてください。

なかでも、水を飲む、顔を洗う、シャワーを浴びる、湯舟につかる効果は絶大です。**心が少し軽くなるのがわかるはずです。**

美意識を持つ

自分自身も風景のひとつと考えれば、
いつも美しく存在したいもの。
それは人としての礼儀でもあります。

年齢が上がるとともに、不思議なことに自分の年齢を言いたがらない人が増えていきます。実年齢よりも若く見られることを喜ぶ人も多いように思います。でも、外見を「若く見られる」ということは、そんなに喜ぶべきことでしょうか。

人にはその年齢なりの美しさがあると思います。私はいま八二歳ですので、八二歳なりに美しく存在できればいい。一〇歳若く見られたところで七二歳ですから、年齢のことなど、正直「どうでもいい」とさえ思っています。

五〇年、六〇年と生きたなら、大事なことは五〇歳、六〇歳なりの「美意識」を持って生きることではないでしょうか。五〇代になると、自分で意識をしなければ、顔も体も「老い」が目立ってきます。肌のたるみも目立ってきますし、顔や体のシミやシワも目立ってきます。服も毎日身ぎれいにすることを心がけなければ、やはり半世紀以上生きてきた「くたびれ感」は隠せないでしょう。

でも、少し冷静に考えてみてください。どんな人も、風景のひとつなのです。自分の目にさまざまな人の姿が風景として飛び込んでくるように、自分の姿も人の目には風景として映ります。そう考えたら、人の目を汚さないということは、やはり人として最低限のマナーです。**人が自分を見て不愉快に思わないビジュアルを保つこと。それは人としての礼儀なのです。**

自分も風景のひとつであるという意識を持つと、毎日のモチベーションも変わります。そしていつも整った髪、血色のよい肌、清潔感のある服装を心がけると、人からの見られ方も変わってきます。別に派手な装いをしていなくても、老いを放置しない、心細やかな人という印象を人に与えるからです。**「外見力」というものは、歳を重ねれば重ねるほど、絶大な力を発揮するのです。**

会社を定年退職してスーツを着なくなったら、ふだんの服には何の興味もなくなったという方がよくいらっしゃいます。公の場に出るわけでなし、おしゃれに気をつかったところで張りがないと。会社をやめたら、もう社会人ではないと思われるのかもしれません。

でも、**私たちは、家庭から一歩足を踏み出し、外に出たときは、誰もがいつだって社会人なのです。**専業主婦の方が家の外でご近所の方と話をしているときは、もうそこはひとつの立派な「社会」。どんな人でも、一生社会人であるということを忘れてはいけません。

「いまさらおしゃれなんて恥ずかしくて」と、照れる方がいらっしゃるかもしれません。センスがないからよくわからないとおっしゃる方もいるでしょう。でも、センスというものは、ちょっとしたことですぐ身につくものなのです。

たとえば自分が気に入っている広告やファッション写真などを見て、なぜ自分がそのファッションに魅《ひ》かれるのかを考えてみる。そうすると、「あっ、シャツからのぞくインナーの色がいいんだな。では自分もインナーの色にちょっとこだわってみよう」といった、小さな意識が生まれます。その意識を持つようになると、センスはどんどん勝手に身につくようになるのです。

いきなり全身をおしゃれにする必要はありません。はじめは靴下であったり、ハンカチであったり、時計であったり、何か小物に毎日気をつかうだけでもいいのです。何かひとつでも自分が意識して選んだものを身につけていると、それが自信にもなり、自分自身が美しく存在するためのポイントが見えてきます。

人は、その人の人生を、生きてきただけでもすばらしいと思います。でも、美意識を持って生きはじめれば、その人の人生はもっと堂々としたものになると思います。

いま、仕事をしていても、していなくても。

いま、二〇歳でも、七〇歳でも。

美意識を持ちはじめた瞬間から、人生は大きく変わります。自分なりのこだわり、自分なりの存在のしかたをいつも大切にしながら、生きていきたいものです。

運命を喜ぶ

人生には悪いことが
重なる時期もあります。
でも、自分の思考しだいで
見え方は変わってくるのです。

人は誰であれ、「開運」を願うものだと思います。どうしたら、自分の運は開けるのだろうか。私も昔、考えました。

でも、振り返ってみると、結局「運」のほうから自分に歩み寄ってくれることはないのです。「運」のほうから自分に道を開いてくれることもありません。

「運」は自分で引き寄せるもの。自分で引き寄せ、自分で開くものなのです。

私自身はやはり、三〇歳のときの自動車事故以降に運が急上昇したと思います。

それまでの、かなり無理をしていた生活を振り払うことができたせいもあるでしょう。でも、私自身が運を引き寄せることができた理由はもうひとつあると思います。それは、私自身が私の運命を、心から喜んだからだと思うのです。

それまでの私は自分の複雑な生い立ちや、貧しさ、学歴のなさに、やはり引け目を感じている部分がありました。しかし、自動車事故以降、それがもう完全になくなったのです。**私の人生にはさまざまなことが起こる。でも、さまざまなことが起こるから、乗り越えよう、切り開こうとする自分がいる。この自分に与えられた運命をありがたいと思おう。喜ぼう。**そう思ったのです。

自分の運命を喜んだ瞬間から、私の体はプラスのエネルギーで満たされたようです。私は事故の翌年から多くのヒット商品やキャンペーンを世の中に送り出していくことができました。ひとつの仕事が成功すると、「私だってまんざらではないわ」と自分が自分を認めます。いまある自分は、いままでの運命があってこその自分。そうやって自分のすべてを受け入れると、自分にしか進めない道が見えてくるのです。あとは自分が信じる道を突き進むだけ。

「私なんて」という気持ちがどこかにあると、人はなかなか力を貸してくれません。いまひとつ自信のない人に、ついていくのはこわいからです。でも反対に、「私だってできる」という気持ちは、やはり人を惹《ひ》きつけるのです。プラスのエネルギーはプラスの結果を生み、私はプラスのスパイラルに入ることができました。

人生には悪いことが重なる時期もあります。でも、それを「自分は運が悪いから」とあきらめるのは、大きな間違いです。私だって、人生の前半は悪いことだらけ。この悪いこと続きの人生を「運が悪い」と嘆いているうちは、全然運を引き寄せることはできませんでした。不運のスパイラルにはまり込んでいたのでしょう。

でも、自分の運命を認め、自分の運命を喜んだところから、私の人生は一気に変わりました。

悪いことが続いているときも、自分の運命は嘆かわしいと思わないことです。悪いことが続いているときは、**そのぶん、運もたまっているにちがいない。悪いことを経験することで、そのぶん、自分には知恵がたまっているにちがいない。**それを一挙に使えるときが必ずくる。そう、信じることです。

どんなことも、自分の思考しだいで見え方は変わってきます。プラスの思考に完全に切り替えたとき、人生はプラスの方向でまわりはじめます。

つまりはそれが、運を引き寄せるということなのです。

自分の芯を持つ

迷ったときには、
「自分の芯」に聞いてごらんなさい。
信じるものはいつも
自分の中にあるのです。

人はいつも迷いの中で生きていると思います。人生の途中で突然にして、大きな決断を迫られることもあります。私自身、いままでいくつもの決断を下して生きてきました。

でも、けっして何の迷いもなく突き進んでこられたわけではありません。いつも自分の判断は正しいのか、その新しい一歩は間違っていないのか、ひとりで悩み、苦しんできました。しかし、いつまでも迷うことが許されるわけではありません。

決断の時がきた。そのとき、私はいつも自分の丹田《たんでん》（おへその少し下あたり）の上のほうで、強くかたいものがシュッと立つのを感じます。私はそれを「自分の芯」と呼んでいます。自分の芯は、言うなればもうひとりの自分です。自分の生き方をじっと見ているもうひとりの自分なのです。

三〇代前半のとき、私は仕事で人生の岐路に立たされていました。その時代の主流ではない新しいメイクスタイルを提案したのですが、当然社内では猛反発。私は社内の人間を説得して歩きました。結果、その仕事は成功をおさめたのですが、同業他社の方からは「品がない」と評され、私は落ち込みました。しかし、時間というものは待ってくれません。次のアイデアを考え、また実現に向けて動いていかなければなりません。しかし、私に対する逆風があるのも、たしかな話。

このまま自分のやりたいことを推し進めていいのだろうか。

失敗したときに、自分はどうなるのだろうか。

まわりがあと押ししてくれる範囲内で行動したほうがいいのではないだろうか。

そんなこともうっすらと考えました。でも、**最終的には、私は人からどういう評価を得るかということよりも、自分が納得して生きることを選びました。そうでなければ、自分の芯に恥ずかしいと思ったからです。**

「信じるのは、自分」

そう振りきった瞬間から、私は心がとてもラクになりました。

ふだんの暮らしの中でも、私たちは、心が揺らぐことがたくさんあります。同じ年代の人であっても、みんながみんな、同じ価値観で生きているわけではありません。自分の考えや行動を賞賛してくれる人ばかりではないのです。一〇〇人いれば、一〇〇の意見があります。意図しない場面で批判されることもあるかもしれません。でも、けっして、そのことに驚いたり、傷ついたりしないことです。

そんなときこそ、まず自分の芯に聞いてみてください。人に相談したり、**人に愚痴をこぼしたりする前に、自分の芯にもう一度問いかけてみるのです。**

「自分はどう思うのか」と。

あるとき私は人にこう尋ねられたことがあります。

「何か信じている宗教があるのですか？」

何もありません、とお答えしましたが、私はどうやらとても強い力を持った神を信じているように見えたようです。

信じているのは、自分の芯だけ。

持っているのは、信念だけ。

我ながら、とてもシンプルだと思っています。

たがいに許し合う

この世に
間違いをおかさない
人間はいないのです。

私にはとても後悔していることがあります。それは夫とのことです。四〇代のときに、夫に言い放った言葉があります。

「離婚してください。そのほうが、あなたが幸せになれますから。それに、私もそのほうが、気がラクなのよ」

その頃の私は、仕事が忙しすぎて、何も振り返る余裕のない時期でした。二九歳で娘を産んだ頃から、夫は私に何度も仕事をやめるように言ってきました。娘が一歳になる前。あの自動車事故の前のことです。夫は私に言いました。

「こんな小さな子どもを預けて、おまえは出張に出かけるのか。おまえは鬼のような女だ」

その後も子育て中はずっと、仕事をいつやめるのか、聞かれていました。そのたびに始まる口論。おたがいにもう、うんざりしていたと思います。私たちはじつは遠い親戚関係で、叔父にすすめられて結婚した「すすめられ結婚」です。私はその後何回か離婚を切り出しましたが、結局離婚はしませんでした。ただ五〇歳のときに私は、より自分の職場に近いところに引っ越しました。夫とは「卒婚」したのです。

それから一五年間、夫とは別居。しかし、私が六五歳、夫が七〇歳のときに夫が倒れ、いろいろなことが発覚しました。夫は自分のマンションの別の部屋を借りて、そこに自分の会社の女性を住まわせ、その女性と不倫をしていたのです。

それを知って、不思議なことに、私は何かほっとしました。別居を始めてからも、一か月に一回は会って食事をしていました。でもやはり心にしこりがあってギクシャクしてしまう。食事が終わったらすぐに「じゃあ」と言って、二人バラバラに帰るだけ。そんな夫を愛し、いっしょに暮らし、身のまわりの世話をしてくれている女性がいたなんて。とてもありがたいことだと思いました。

私が住んでいるマンションの向かいの部屋がちょうど空いていました。そこで夫はその部屋に引っ越すことになりました。私は夫が不倫していた女性に会ったときに言いました。

「いままで食事の世話や洗濯や、いろいろやってくれてありがとう。もしよかったら、あなたもいっしょに来ませんか」

結局その女性は、悩んだ末、夫の引っ越し先には来ませんでした。夫が亡くなったときに何とかその女性に知らせようと方々を探したのですが、その女性とは二度と連絡がとれないままです。

どんな夫婦にも、長く夫婦をやっていれば、大なり小なり問題が出てくるものです。まったく価値観がいっしょで、けんかのひとつもしたことがないという夫婦など、あり得ないのではないでしょうか。

もともとは他人同士。その二人が結婚し、生活を始めれば、まず生活様式の違いから気になるものでしょう。そして金銭感覚の違い、仕事・家事・子育てに対する考え方の違いで、たがいの意見が対立することもあると思います。思いやりのない発言をおたがいにしてしまうこともあります。そして配偶者以外の人に、心の癒しを求めることだってあるでしょう。

夫婦の問題は、どちらが悪いというものではありません。強いて言うならば、何か問題が起きたのならば、二人が悪いのです。片方が何か問題を起こしたのなら、その片方が問題を起こすような状況に追い込んだ、もう片方にも責任があるのです。

夫婦に問題が起きたときは相手を責めるのではなく、そのときこそ、たがいにきちんと向かい合うべきです。そしてたがいに相手を許し合うことだと思います。

いまの時代は、同居期間二五年以上の夫婦の「熟年離婚」も多いと聞きます。でも、人生の終盤戦に向かって、何も相手を捨てることを選ばなくてもいいのではないでしょうか。おたがいの感情が高ぶっているときは、やはり少しの期間でも別居をして、素直な気持ちを取り戻すことをおすすめします。

そのうえで、もう一度話し合いをしてみてください。私のように、一五年の別居というのは、少し長すぎたのかもしれませんが。

天命を探求する

何の使命も与えられていない
人間など存在しません。

人生に不安はつきものです。よくないことが続くときもあります。そんなとき、私はいつも思うのです。**私はここで何を学べと言われているのだろうか、と。**

いやな出会いをすることもあります。苦労をすることもあります。でも、通り過ぎてみると、ただの無駄だったことは何ひとつありません。すべて、人生の勉強。その経験は、勉強を教えてくれた先生だったのです。

私の人生にも、いろいろなことがありました。もう、ぐちゃぐちゃです。「なんで私だけこんなに悪い人生なの？」と思い悩み、恨んだり、妬《ねた》んだりしているときは、一年がとても長かった。でも、悪いこともすべて「勉強させていただいたのだ」と思うようになった瞬間から、**心**がスーッと軽くなり、「私、幸せだな」と**心**が幸せで満たされるようになりました。**心**が幸せを感じると、一年という月日は、なんと短く感じられることでしょう。

心がいつも幸せを感じるようになると、自分の使命が見えてきます。ただ自分のために生きるのではなく、人のために、社会のためにできること、喜ばれることは何か、を考えるようになるからです。いままで自分が生きてこられたのは、自分に力を貸してくださった人たちのおかげ。自分たちを取り囲む大きな社会のおかげ。ならば、人に、社会にお返しができるように、自分がなすべきことを考える。私はこれが人の道のあり方だと思います。

人はみな、命をまっとうしたら、天に帰ります。でも、天に帰る前に、「天から与えられた使命＝天命」を探求し、何かお役に立ってから、命を終わらせたいものです。

私が二〇年以上師事している、恵美《えみ》初彦さんというコンサルタントの先生に習った方法を教えてあげましょう。

まず、自分がいままでやってきたことを全部書き出してください。勉強、恋愛、仕事、家事、育児、趣味、その他すべてのことを書き出すのです。

そして、これらを「喜び」と「悲しみ」に仕分けします。そのあと、喜びのグループに入った出来事を一番から五番まであげてみてください。こうして自分にとっての「楽しかったこと」を抽出していくと、自分はこれから何をすべき人間なのか、少しずつ見えてくるのです。これは、自分にとっての「生きる喜び」は何かを明確にし、自分という人間をもう一度見返すための作業です。

この作業をしたら、私はやはり美容が好き。自分が培ってきた美容の知識を人に教えるのが好き。人を育てていくことが好きだとわかりました。それゆえに私の天命は、私の美容に対する考え方・知識・技術を受け継いでくれる人を育てていくことだと悟りました。そして私は、美容のプロを育てるスクールや、美容に特化した高等学校をつくったのです。

高校をつくったのは、私が七五歳のときです。でも、天命だと思ったことなら、年齢など関係あるでしょうか。年齢など、まったく関係ないのです。

いまが四〇代でも、五〇代でも。たとえ六〇代でも、七〇代でも、八〇代であっても。**人はいくつになっても自分の天命を知り、いままで積み重ねてきたことの上に、さらに新しいことを積み重ねたり、人生の方向転換をはかったりすることができるのです。**

何度でも何度でも、生き直し、生き直し、生き尽くす。

それがすべての人に与えられた、使命なのです。

大事な人を見送る

家族の命が旅立つときに
悔いが残らないよう、
精いっぱいのことを
いま、するのです。

八〇歳を過ぎると、親戚や親しい友人もどんどん天国に移籍していきます。当然のことながら、自分の五人の親はもう相当前に見送りました。

実の父親は、私が小学校一年生のときに病気で他界しました。まだほんとうに幼い子どもでしたから、鼻に綿が詰められた父の遺体を見ただけで、こわくて泣いてしまいました。実の父親の旅立ちのときに、私は何もしてあげられなかった。成長していく過程で、私はいつもそのことが心の中でひっかかっていました。

実母の旅立ちのときも、「ああ、なんでもっと面倒を見てあげられなかったのだろう」という後悔が残りました。でも、亡くなったあとになって悔やんでも、もうどうにもなりません。私はだんだんに学習し、養父は後悔なく見送ることができました。養父が息をひきとるときに、「おとうさん、ありがとう」と伝えることができたのも、よかったことだと思っています。

前述したように私は五〇歳のときに、夫と別居をしました。そして、六五歳のときに夫は私の住んでいるマンションの向かいの部屋に住むようになったのですが、その三年後に夫は多発性脳梗塞になり、入院をしました。いろいろな病院で治療を受けましたが、うまくいかず、転院を繰り返しました。そして、最後は施設です。

私たち夫婦の間にはいろいろなことがありましたけれど、私が仕事をずっと続けてこられたのは、結局はそれでもよしとしてくれた夫のおかげです。

娘を預かってくれる保育園に近い家がいいと、その当時住んでいた家を勝手に売って、勝手に引っ越しした私。仕事が好調で、職住接近のためにひとりで職場に近いマンションに引っ越しした私。それでも夫婦関係を断ちきらなかった、私の夫。私はいままでの罪滅ぼしをしなくてはならないと必死でした。

何をしてあげられたわけでもありません。五歳年上の夫は私が七〇歳のときに亡くなりました。脳梗塞の後遺症がひどく、最後のほうは私が施設に行っても、たぶんそのこと自体をもう覚えていなかったと思います。

でも、夫が喜んでくれることをしたいと思ったので、私はあるとき、夫と外出をしました。施設の近くの山の上にある喫茶店まで二人で散歩したのです。夫がふいに斎太郎節《さいたらぶし》を唄いはじめました。

「松島の　サーヨー
瑞巌寺《ずいがんじ》ほどの
寺もない　トーエー
アレワエーエー　エント　ソーリャー
大漁だエ」
そこで私も手拍子を入れていっしょに唄いはじめたら、喜んで、喜んで。はたから見たら、おかしな老夫婦だったことでしょう。でも私は、そんなことは何も考えませんでした。ただ、夫の笑顔が見たかった。夫の笑顔を目に焼きつけておきたかったからです。夫はどんどん唄いながら、歩きます。
「もっと上まで歩くぞ」
喫茶店はかなり遠方のようで、なかなか着きません。あまり夫に無理をさせたら危ないと思ったので、
「おとうさん、喫茶店は遠いみたいだから、帰ろうか。もう暗くなるから、帰ろう」

と私は言いました。そして今度は歩いてきた道を下りながら、私たちは唄いました。

「松島の　サーヨー」

夫と二人で並んで歩いたのは、そのときが最後になりました。

振り返ってみれば、いつもすれ違い夫婦であった私たちが、最後に夫婦並んで歩いたのです。いっしょに歌を唄うなんてことも、なかったことです。最後の最後に私たちは心を通わせることができたのでしょうか。喜びに満たされた中で、夫は向こうに旅立ってくれたのでしょうか。

人は、人の死を止めることはできません。

でも、せめて自分ができることを精いっぱいしてあげることは、その人のためにも、自分のためにもなると思います。

私の夫はいま、私の自宅の写真立ての中で静かに微笑《ほほえ》んでいます。

感謝の言葉を唱える

亡くなった人たちに
感謝を伝え、今日を生きる。
それを毎朝の日課とするのです。

私は自宅の一角に「ホトケコーナー」というものを設けています。仏壇はもう処分してしまいましたので、仏壇はありません。「ホトケコーナー」は小さなスペースですが、五人の親、親族、夫、仕事でお世話になった方々、古くからの友人の写真や御札などを置いています。

この「ホトケコーナー」の方々に伽羅《きゃら》のお線香を供え、ひとりずつ顔を思い浮かべながら声に出して名前を読み上げ、感謝の気持ちを伝える。これを毎朝の日課にしています。

「あなたと出会えたから、いまの私がいるんですよ。ありがとうございます」

飼っていた犬や猫の写真もいっしょに飾ってあります。犬も猫もみんな、私にとっては「かけがえのない存在」であったからです。

歳を経るごとに、毎朝読み上げる名前の数はどんどん増えていきます。

思えば私が二〇歳で美容の世界に入ったのは、少しでも演劇のメイクアップの仕事に近づきたかったからです。その願いがかなったのは、私が五〇歳のときです。長い時間がかかってしまったけれど、夢を口にしてきてよかった。夢を手放さないでよかった。夢とは遠いように感じる仕事も一生懸命やってきてほんとうによかった。心からそう思いました。

人が自分の夢を実現させていくには、多くの人の助けが必要です。家族、仕事関係の方々、友人たち。多くの人が自分を支えてくれるから、多くの人が自分という人間を信じ、チャンスを与えてくれるから、夢はかなうのです。

自分に実力があるから、などと勘違いをしてはいけません。パワフルであることはもちろん大事ですが、人はひとりでは何もできません。

人にとって、最大の財産は「人」。人との出会いは大事にすることです。出会いに「偶然」はありません。出会った人はみんな、出会うべくして出会っているのです。そして、その出会いがまた新しい出会いを生み、人生はおもしろおかしく展開していくのです。

自分という人生を構築してくれたのは、自分の人生に登場してくださったみなさん。そう思って、私は毎朝、自分の「ホトケコーナー」の方々の名前を読み上げ、感謝の言葉を伝えます。そして、心の中で唱えます。

「今日も生きてまいります」

日本は超高齢化社会です。国立社会保障・人口問題研究所によると、二〇三五年には総人口に占める高齢者の割合が三三・四%になり、「三人に一人が高齢者」になるという推計も出されています。

いままでのように六〇歳、あるいは六五歳で、はい定年。あとは老後で年金生活、という時代ではなくなってきています。働けるうちは働く。高齢になっても、第二の人生、第三の人生を自分の責任において、どんどん構築していくべきではないでしょうか。働き、学び、働き、学びを繰り返し、新たな人生をつくっていきたいものです。

向こうの世界にまだお呼びがかからない人間というのは、こちらの世界でまだやるべきことが残されている人間であるということです。

人様のお役に立つことをすべてやり遂げる日まで、しっかりと生きてまいりましょう。

経験と知恵を伝える

自分の知識と経験と知恵を
きちんと伝えていく。
それが「先に生まれた者」の
務めなのです。

どんな人でも、その人生の中でさまざまなことを経験し、学んできたことがあるはずです。主婦の方なら、ご近所とのじょうずなつきあい方、子育てのベテランのおかあさんなら、おかあさん同士のじょうずな距離の保ち方、夏の暑いときでもいたまない、子どものお弁当のつくり方。いま親御さんの介護をされている方なら、親御さんのじょうずな励まし方。それぞれの方が、それぞれの人生の中で学んできたことはたくさんあると思います。

自分が経験し、得た知恵はそのままにしないで、次の世代にきちんと伝えていくことが大切です。自分の子ども、孫、知人、友人。次の世代を生きる人たちに。あるいはまだその経験をしていないけれど、やがてはその経験を必ずするであろう人たちに、その人たちが少しでも生きやすくなるように、知恵を伝えていくことは、先に生まれた者の務めであると、私は考えます。

これは仕事においてもそうです。仕事において自分が得た知識、知恵を次の世代に与え、次の世代を育てていくことは、新しい世界を構築していく力の源になるはずです。

自分の足跡を残すとか、自分の名前を残すなどということに執着をする必要はありません。自分がやってきたことがそのまま次の世代の人たちの役に立つ、などということはあり得ないのですから。

なぜでしょうか。それは、「**時代は必ず変わる**」からです。**未来には確実に、いまと違う時代がきている**からです。そこに「現時点」でのメソッドをあてはめようとしても、もう何の役にも立たない。むしろ不要であり、ただの重荷にしかなりません。そうなってしまっては本末転倒です。

次の世代に残し、託すべきなのは、その原点にある思想や考え方です。自分たちがどんな思いで、その産業を、その分野を発展させてきたか。根幹にある主義（イズム）をきちんと伝えていければ、それでいいのです。

私は六〇年、美容の世界で生きてまいりました。肌だけではなく、人間の肌とメンタル（心理状態）の相乗効果を研究していくのが、私のイズムです。これをきちんと次の世代に伝えることができれば、あとは新しい人たちが、時代に合わせて新しいものをその上に積み重ねていってくれることでしょう。

私は最近、「私はいま、地球におじゃましているだけ」という気持ちになるのです。遠いところからやってきて、ちょっと地球に居候。でも、また時がきたら、地球から離れて、遠いところに戻っていく。地球から離れていくなら、地球を汚さないようにしよう、去るときは風のように去っていこう。そんなふうに思います。

長い長い人生でした。

でも、まだもう少し続くようです。

この命のあるかぎり、新しい世代の人たちが「生きやすくなる」よう、波乱万丈だった私の人生の知恵を、これからもお伝えしていきたいと思っています。

おわりに

いくつもの時代を通り過ぎてきました。

そして、いくつもの悲しみ、苦しみ、喜びを経験しながら、私はいまも生きています。

私自身はけっして、生き方がじょうずなほうではないと思います。この年齢になっても、感情的にならないほうがいいと頭ではわかっていても、やはり怒りがわき上がってくるのを抑えられないときもありますし、後ろ向きに考えないほうがいいと他人にアドバイスはしていても、自分自身の心がシュンと落ち込んでしまうこともあるからです。

でも、悩みながら、もがきながら、生きていくのが人間というもの。

いつもいい日でなくても、いつかいい日が続くときが必ずやってくる。

そう思いながら、懸命に生きてきた少女時代を思い出しながら、私は「いま」を生きています。

人はみな、心の中に炎をともしながら生きているものだと思います。

何かを成し遂げたいという大きな炎もあれば、子どもたちの笑顔を守ってあげたいというあたたかい炎もあります。他人の持っている地位や名誉がうらやましくてたまらないという尖《とが》った炎もあれば、自信のなさが固まったような青白い炎もあります。どんな炎でも、若い頃は、自分の人生を奮い立たせるためのもの。でも、さまざまな経験を積むごとに、自分の中の炎は、人の心を照らすための炎に変わっていくものではないでしょうか。

いま、私の心の中ではいつも、ともしびが、やわらかにゆれています。小さな小さなともしびですが、このともしびの熱で、不安でかたくなった方の心を、少しでも溶かしてさしあげることができたらと、思っています。

人生にはやはり目標、というかこころざしの目安のようなものがあったほうがいいと思います。そこで私が八二年の人生を振り返って考えたことを、最後に記しておきましょう。

一〇代は、「考えなさい」。自分の夢は何か？　自分は何になりたいのか？　どんなことを勉強していきたいのか考えて、大きな一歩を踏み出していくことが、一〇代のときには一番大切なことです。

二〇代は、「出会いなさい」。人はひとりでは、何もできません。二〇代は自分と夢や考えを共有できる人と出会うこと。その出会いがあるかないかで、将来は大きく変わってくるのです。

三〇代は、「欲張りなさい」。三〇代は精神的にも体力的にも、一番エネルギーを発揮できる年代。二〇代でいろいろな人に出会い、勉強をしていれば、三〇代ではその成果を形にしていくことができます。

四〇代は、「自分をほめなさい」。四〇代は男女ともに、気力も体力も一度落ち込む時期。自分を大事にしてこなかった人は、崖っぷちに立たされることもあるものです。そんなときには、自分で自分を励ましてあげてください。心の停電状態をいつまでも続けないことです。自分の心は自家発電。明るい気持ちが持てるように、がんばっている自分をどうぞ、ほめてあげてください。

五〇代は、「挑戦しなさい」。五〇代からは、家庭や、自分の身のまわりや会社関係だけでなく、もっと違う世界へ、もっと広い社会へ目を向けてみてください。どんな人でも、それまで生きてきた経験を生かして、新しいことを成し遂げることができるはずです。

六〇代は、「美しく生きなさい」。六〇代になっても「自分はもうこれでいい」

と凝り固まらないことが大切です。自分の「老い」をほったらかしにしないで、「美しく存在すること」を考えましょう。どんな人間も、風景のひとつなのですから。

七〇代は、「毎日を楽しみなさい」。七〇代からは自分がわくわくするようなことから予定を入れることです。七〇代でも「まだ七〇代」。そう思って、毎日楽しく、忙しく生きることです。

八〇代は、「許しなさい」。体が自分の思い通りに動かないときもあります。でも、そんな自分のことを許してあげてください。自分のモチベーション(やる気)が下がらないように。

そしてこのあとは、私自身もこれからの人生の目標とすることですが……。

九〇代は、「慈しみなさい」。これから育っていく幼い命、子どもたち。そして自分よりも若き人たちに、自分が持てる愛を降りそそぐことだと思います。ぐんぐん育っていく新しい芽を摘まないで、育ててあげることだと思うのです。

そして**一〇〇歳になったなら、「世の光になりなさい」。**一〇〇年という長い歳月を越えたら、生きているだけでもすばらしい。最後は何物にも執着せずに、人の心を照らす光になって、生きていくことではないでしょうか。

人生は大きな海です。人はみな、地図を持たずに船を漕《こ》いでいかねばなりません。船を漕いでいく先の、小さなともしびとして、これらの言葉がお役に立てばと思います。

人生は苦難に満ちているときもあります。

やるせなくて、心がくじけそうになるときもあるでしょう。

道に倒れ込んでしまいたくなるときもあるでしょう。

でも、立ち上がれます。人は必ず立ち上がれるのです。

いくつになっても、前に向かう「心の炎」さえ、なくさなければ。
たとえそれが小さな炎でも、炎はいつも、大きく燃え上がる可能性を秘めているのですから。

いつまでも、そう、信じて。

小林照子

［著者］

小林照子（こばやし・てるこ）

1935年生まれ。美容研究家・メイクアップアーティスト。

戦中から戦後にかけ、生みの親、育ての親、義理の親ら５人の親に育てられるという少女時代を経て、上京。保険外交員の仕事をしながら、美容学校に通う日々を送る。

その後、化粧品会社コーセーにおいて35年以上にわたり美容について研究し、その人らしさを生かした「ナチュラルメイク」を創出。時代をリードする数多くのヒット商品を生み出し、一世を風靡する。また、メイクアップアーティストとして、広告・ショー・テレビ・舞台など、女優から一般の女性まで何万人ものイメージづくりを手がけ、どんな人でもきれいに明るくすることから「魔法の手」を持つ女と評される。

91年、コーセー取締役・総合美容研究所所長を退任後、56歳で会社を創業、美・ファイン研究所を設立する。独自の理論で開発した「ハッピーメイク」はマスコミの話題となり、94年、59歳のときに、［フロムハンド］小林照子メイクアップアカデミー（現［フロムハンド］メイクアップアカデミー）を開校。以来、校長として数多くのメイクアップアーティストやインストラクターを世に送り出す。

2010年、75歳のときに、高校卒業資格とビューティの専門技術・知識の両方を取得できる新しい形の教育機関、青山ビューティ学院高等部を本格スタート（現在、東京校と京都校がある）。多感な高校生たちの教育に情熱を傾け、若者の夢と情熱を応援しながら、未来の担い手である人材の育成を行っている。

82歳を迎えたいまなお、スケジュール帳には余白がないほど予定を詰め込み、あらゆるビューティビジネスに向けてのプランニング、コンサルティング、社員研修に携わるほか、ボランティア活動も積極的に行っている。近年では特に「医療」と「美容」の関係に注目した活動を行っており、「医・美・心研究会」では代表世話人として、メイクセラピスト養成講座を開講。医療・美容・心理学を習得した100名を超えるメイクセラピストを送り出している。著書多数。

これはしない、あれはする

2018年1月15日　初版発行
2018年4月25日　第9刷発行

著　者　小林照子

発行人　植木宣隆

発行所　株式会社サンマーク出版
〒169-0075　東京都新宿区高田馬場2-16-11
☎03-5272-3166（代表）

印　刷　中央精版印刷株式会社

製　本　若林製本工場

ISBN978-4-7631-3672-5　C0095
ホームページ　http://www.sunmark.co.jp